L'ÉCOLE DE NIMES

Cours sur la Coopération

AU COLLÈGE DE FRANCE

Décembre 1925 – Avril 1926

par CHARLES GIDE

ASSOCIATION
POUR L'ENSEIGNEMENT DE LA COOPÉRATION
85, Rue Charlot, Paris

L'ÉCOLE DE NIMES

Cours sur la Coopération

AU COLLÈGE DE FRANCE

Décembre 1925 - Avril 1926

par CHARLES GIDE

ASSOCIATION
POUR L'ENSEIGNEMENT DE LA COOPÉRATION
85, Rue Charlot, Paris

AVANT-PROPOS

L'histoire de l'Ecole de Nîmes c'est aussi, en grande partie, celle de la Coopération française puisque depuis quarante ans leurs destinées se sont de plus en plus confondues et qu'après bien des luttes, finalement, le programme de Nîmes est devenu à peu près celui de la Fédération Nationale.

Je dois dire que cette double histoire a déjà été faite, et avec beaucoup plus de détails que je ne pouvais en donner dans un cours, par M. Gaumont, dans sa monumentale Histoire de la Coopération Française. *Il ne faut voir ici qu'une sorte de croquis fait d'après nature, mais, tel quel, il peut avoir quelque intérêt à titre de document. Ayant été moi-même spectateur ou acteur dans tous les événements qui se déroulent dans les chapitres de ce livre, ayant eu pour amis ou pour adversaires la plupart de ceux qui y figurent, j'aurais pu lui donner pour titre « Mémoires d'un vieux coopérateur ». Je crois pouvoir assurer qu'à défaut d'autres mérites ils ont du moins ceux de la sincérité et de la sérénité.*

CHARLES GIDE.

L'ÉCOLE DE NIMES

CHAPITRE I.

LES ORIGINES DE L'ECOLE DE NIMES

§ 1. — Le milieu.

Le titre de ce cours a probablement intrigué ceux qui l'ont lu sur l'affiche des cours, car l'Ecole de Nimes est peu connue en France, même parmi les coopérateurs. Toutefois elle l'est un peu plus à l'étranger : il n'est pas très rare qu'on la trouve citée dans quelque livre sur la coopération, anglais, italien ou russe. Là où elle est moins connue c'est à Nimes même — hormis dans un tout petit groupe de survivants. Ne vous avisez pas, si vous allez jamais à Nimes, de demander au cicerone où est cette Ecole; il vous conduirait au groupe scolaire.

L'Ecole de Nimes ! Il n'y a pas beaucoup de villes en France qui puissent se vanter d'avoir donné leur nom à une école ou à une institution quelconque. On en connait à l'étranger à qui ce parrainage a valu une vraie célébrité. Nul n'ignore le système de Gand, pour le chômage; le système d'Elberfeld, pour l'Assistance publique ; le système de Gothenburg, pour la lutte contre l'alcoolisme, et surtout le système de Rochdale pour les coopératives de consommation.

En France aussi on en connait quelques-unes, mais dans un autre domaine : telles les écoles de Nancy, car il y en a deux, l'une pour les décorations de meubles, bois sur bois, créée par Gallé, l'autre pour certaines expérimentations de psychologie pathologique. Mais quant à des villes de France ayant donné leur nom à une école ou une institution sociale, je n'en connais pas d'autre exemple que celui qui va faire l'objet de ce cours.

Il n'y a pas lieu d'être surpris si en France ces initiatives locales sont plus rares qu'ailleurs, car vous savez combien la vie dans nos provinces est une vie amoindrie.

Si je me permets de le dire c'est parce que je suis moi-même un provincial, ou du moins l'ai été pendant les deux tiers de ma vie et je le suis resté de cœur.

Je ne veux donc pas dire assurément qu'on naisse avec moins

de dons naturels sur les rives du Rhône ou de la Garonne que sur celles de la Seine ; mais si les gens d'esprit ou les gens d'initiative sont tout de même nombreux dans les villes de province, ils y restent peu et n'y agissent guère — et cela par des causes bien évidentes.

D'abord ces villes sont soumises à un drainage intense vers la capitale. Quiconque dépasse un peu le niveau commun se trouve, même s'il veut résister, comme pompé par la capitale. C'est ici l'avancement dans les administrations publiques : là, les élections politiques; ou encore les ambitions académiques. On sait que ce n'est que depuis peu que l'Académie française et l'Institut ont consenti à élire des provinciaux : jusqu'à hier ils ne pouvaient prétendre qu'au titre modeste de membres « correspondants. »

Ceux qui restent dans les villes de province ont de la peine à fournir l'effort nécessaire, car il faut toujours un effort pour créer quelque chose, dans le domaine social comme dans le domaine intellectuel. Or l'homme laissé à lui-même répugne à l'effort; il faut pour l'y déterminer un stimulant extérieur et une rémunération, sinon pécuniaire tout au moins sous forme de considération publique ; mais l'un et l'autre font généralement défaut dans les villes de province. Il n'y a pas le stimulant du milieu : on n'est cité que dans les feuilles locales : si on croit avoir fait quelque découverte, elle ne sera connue que sous forme de communication à quelque société savante du chef-lieu et restera enfouie dans ses archives, qui d'ailleurs recèlent des trésors, mais aussi inutilisés que ceux qui gisent au fond des mers dans les vaisseaux naufragés. Si un homme, supérieur, un savant éminent, un sociologue — et certes il y en a un bon nombre — veut rester fidèle à sa ville natale, il ne doit guère s'attendre à trouver auprès de ses compatriotes l'honneur et la réputation dus à ses mérites. Et s'il veut créer quelque chose de nouveau, il y a bien des chances pour qu'il soit ridiculisé.

Il en a été ainsi toujours : on sait quel est l'accueil que reçut Jésus dans sa ville de Nazareth et qui lui fit prononcer la célèbre parole : nul n'est prophète en son pays.

Ce n'est point à dire que les villes de province ne soient fières de leurs grands hommes, mais c'est quand ils sont morts, et alors ce soutien vient trop tard. Il est plus facile d'ériger des statues que de créer des œuvres sociales.

Si je dis ceci c'est à seule fin de montrer pourquoi la naissance de l'Ecole de Nîmes apparaît comme une sorte de phénomène sociologique dans l'histoire provinciale de la France : elle est née sans cause apparente, sans précédents. Rien dans l'histoire de Nîmes, aussi loin qu'on en remonte le cours, ne la prédestinait à cet enfantement.

Nîmes est fille de sa célèbre fontaine, comme tant d'autres villes d'ailleurs mais qui l'ont oublié, tandis que celle-ci lui est restée fidèle. Si elle ne rend plus un culte à sa Nymphe sacrée, elle en est toujours fière. Mais quoique la fontaine, naturelle ou civilisée, quoique l'eau, sauvage ou domestique, ait été la première institutrice de la coopération entre les hommes, ce n'est pas là que nous irons chercher l'origine de l'Ecole de Nîmes, ni dans ses admirables monuments romains qui rivalisent avec ceux de l'Italie : sa Maison Carrée, son Temple de Diane, et non loin, celui qui n'a pas de similaire, que je sache, l'aqueduc à trois étages qui s'appelle le Pont du Gard.

Ce ne sera pas non plus dans ses grands hommes, car Nîmes aussi en compte un certain nombre dont les statues ou les bustes décorent ses places et ses squares, à commencer par l'empereur Antonin : il est vrai qu'il n'est pas né à Nîmes, mais sa famille y habitait. Puis, en arrivant à notre époque, voici un poète local, Reboul, que Lamartine a fort loué, mais peut-être parce qu'il était boulanger de son métier, un autre, Bigot, aimable imitateur de La Fontaine en patois, puis l'auteur de Tartarin, Alphonse Daudet. Et hier on inaugurait le buste d'un de nos collègues qui, il faut bien le dire, était à peu près inconnu à Nîmes jusqu'au jour où les Tchèques le lui ont révélé comme l'annonciateur et le restaurateur de leur République, le professeur Ernest Denis. Mais il n'y a jamais eu à ma connaissance, l'ombre d'un économiste ou sociologue.

Et ne cherchons pas non plus dans son histoire. Nîmes a tenu une place importante dans les guerres de religion et plus encore lors de la révolte des huguenots, dite guerre des Camisards, qui ensanglanta les Cévennes sous le règne de Louis XIV. Elle en a gardé l'empreinte indélébile.

Plus tard les divisions de partis sont venues se superposer aux divisions confessionnelles, en sorte que si on représentait les unes et les autres par des couleurs comme sur une carte géographique, on verrait la carte religieuse et la carte politique se superposer : les catholiques sont devenus les blancs, les protestants sont devenus les rouges, ce qui ne veut nullement dire révolutionnaires — et comme à Jérusalem où il y a le quartier des Musulmans, celui des Chrétiens et celui des Juifs, de même à Nîmes il y a le quartier des Blancs, c'est-à-dire des catholiques qu'on appelle l'Enclos Rey et le quartier des protestants qui est la Placette. Il est assez rare de les voir collaborer à une œuvre commune, et tel n'a pas été le cas non plus, comme nous allons le voir, pour l'Ecole de Nîmes.

L'évolution industrielle de la ville de Nîmes nous fournira-t-elle mieux l'introduction que nous cherchons ? Généralement les institutions ou les écoles sociales naissent dans des milieux où elles se trouvent déterminées par certains facteurs économiques.

Or Nîmes a été, autrefois, un centre industriel assez important en raison du grand nombre de protestants qui s'y trouvaient. On sait que les protestants ont eu une part considérable, depuis le xve siècle, à l'évolution industrielle et même à l'avènement du capitalisme dans tous les pays. A Nîmes, ils avaient créé une grande industrie.

Mais, à la suite de la Révocation de l'Edit de Nantes et des répressions féroces qui ont suivi la guerre des Camisards, les commerçants et les industriels protestants de Nîmes ont dû pour la plupart, s'expatrier. Et ainsi, Nîmes, qui serait peut-être devenue un grand centre industriel comme ceux de nos départements du Nord, Lille ou Roubaix, a manqué sa destinée.

Cependant, quand la Révolution Française est venue, et avec elle la liberté des cultes, il restait encore à Nîmes un nombre suffisant d'anciennes familles protestantes pour rendre à la ville de Nîmes une certaine activité industrielle. Aussi pendant la première moitié du dernier siècle, elle avait des industries très prospères et même une certaine renommée pour les étoffes d'ameublement. Mais cette industrie a été peu à peu tuée.

Ce serait une histoire intéressante et instructive, et non pas seulement dans le sujet qui nous occupe actuellement mais pour l'histoire économique en général, que celle de la grandeur et de la décadence, si l'on peut employer ces grands mots, de l'industrie à Nîmes.

Indiquons simplement en quelques mots quelles furent les causes de cette décadence.

D'abord la mode a tué certaines de ses industries. Ainsi celle des bas de soie pour hommes était prospère à Nîmes et dans le

Gard avant la Révolution ; l'avènement des sans-culottes l'a tuée. Il est vrai que tout récemment la mode des jupes courtes pour les dames l'a ressuscitée pour les besoins de l'autre sexe — et en effet quelques industriels des Cévennes y font fortune. mais Nimes n'a pas su profiter de ce retour imprévu. Ainsi encore la fabrication des chales pour dames, imitation des cachemires de l'Inde, qui figuraient il y a un demi-siècle dans toute corbeille de mariage.

Les industriels de Nimes faisaient aussi de magnifiques teintures, mais les faisaient à la vieille mode, comme aujourd'hui en Orient. C'est sur les cailloux d'un ruisseau de Nimes, toujours à sec, que l'on étendait les tapis ou les étoffes et c'est aux vents et au soleil que l'on confiait le soin de leur donner les belles teintures et les couleurs inaltérables.

Plus tard est venu le progrès scientifique qui a remplacé les anciens procédés de teinture par les procédés chimiques, par les couleurs à l'aniline, procédés dans lesquels les Allemands nous ont de beaucoup devancés et sont encore aujourd'hui les maîtres.

Mais quand les nouvelles teintures ont été inventées, les industriels nimois ne se sont pas faits chimistes et n'ont pas jugé utile de prendre à leur service des ingénieurs chimistes, ni moins encore de faire venir des ingénieurs allemands.

Il y a eu une autre cause : la concurrence des Etats-Unis. Les Américains se sont mis à faire, eux aussi, des tapis, des étoffes, et moins misonéistes, ou moins orgueilleux, ou, si l'on veut, moins patriotes que les fabricants nimois, ils n'ont pas hésité à faire ce que ceux-ci n'avaient pas voulu faire auprès de leurs concurrents allemands, c'est-à-dire débaucher les meilleurs ouvriers de Nimes en leur offrant des salaires très élevés. Les industriels nimois n'ayant pas voulu ou pas pu payer ces salaires ont perdu ainsi leurs ouvriers.

Ajoutons encore que le système protectionniste s'étant généralisé à partir de 1876, certains pays ont fermé leurs frontières, notamment l'Autriche, qui était précisément un marché très important pour les étoffes de Nimes.

C'est ainsi que cette industrie locale a peu à peu disparu et qu'il n'en reste plus aujourd'hui que le souvenir dans le dédale des vieilles rues de Nimes où l'on trouve encore quelques noms évocateurs du passé, comme la rue des Teinturiers, la rue des Tondeurs, la rue des Lombards.

Cette histoire de l'industrie nîmoise se double d'une autre histoire, celle-ci sociale, où l'on pourrait voir comme l'histoire, en raccourci, de la bourgeoisie.

La première génération, celle que je n'ai pas connue, fut celle des créateurs de ces industries locales dont je viens de parler.

Après eux est venue la génération de ceux qui ont laissé tomber l'industrie. Néanmoins cette seconde génération, que j'ai connue dans mon enfance, n'était pas du tout méprisable. Elle manquait, il est vrai, d'initiative, de courage, d'énergie. Elle n'a pas su lutter comme une autre ville du Languedoc aussi, Mazamet, spécialisée dans l'industrie des lainages, où les industriels ont su tenir pied au progrès, si bien que leur ville a presque le monopole de l'importation des laines d'Australie. Mais, tout de même, cette seconde génération était un beau type de la bourgeoisie. Elle était composée de familles qui s'étaient enrichies par un travail honnête et qui, si elles ne travaillaient plus, continuaient à s'enrichir par l'épargne. Elles formaient tout un quartier, le quartier protestant, autour de la fameuse fontaine de Nîmes dont il porte le nom. Elles vivaient là très simplement, sans luxe, n'ayant jamais donné au peuple et à la classe ouvrière l'exemple démoralisant d'un luxe insolent, mais donnant au contraire l'exemple de toutes les vertus bourgeoises. Pas de toilettes, guère d'équipages. On ne se croyait pas obligé, comme aujourd'hui, de partir en voyage, pour les eaux, la mer ou la montagne, à chaque saison, mais chaque famille avait sa campagne où elle allait passer l'été modestement.

Puis est venue la troisième génération, celle qu'on pourrait sans trop lui faire injure, appeler la génération des parasites. Car ces fils de famille non seulement n'ont plus eu le courage de créer et de produire comme la première génération, mais ont rejeté même la vertu modeste de l'épargne. Ils se sont mis à dépenser et à manger joyeusement la fortune que leur avait laissée leurs parents. Ç'a été l'époque des bons dîners, des jeux et des filles. Cependant les meilleurs sont entrés dans les fonctions publiques, dans les grands corps de l'Etat.

Je ne dis pas que l'histoire que je viens de résumer soit celle de toute la bourgeoisie française, mais je dis que celle de Nîmes peut fournir un chapitre intéressant.

Cependant, pour ne pas terminer cette histoire par une note trop pessimiste, je dirai que chez la dernière génération, la jeune, celle d'aujourd'hui, il semble qu'il y ait un certain réveil, surtout depuis la guerre, sans doute parce qu'elle a compris que si elle continuait à manger les capitaux légués par les parents, étant donnée la dégringolade du franc et les impôts progressifs, ça n'irait pas longtemps. Alors, les fils se sont mis, dans une certaine mesure, à travailler mais non plus dans l'industrie. L'industrie à Nîmes est presque tout à fait finie : il n'y a plus guère que des fabriques de chaussures, particulièrement des chaussures d'enfants. Les fonctions publiques semblent aussi moins recherchées, mais les fils de famille cherchent une occupation plus lucrative dans la banque, le commerce d'autos, et aussi dans la viticulture. J'hésiterais à classer la viticulture dans les industries productives proprement dites, car même en admettant que le vin soit un aliment utile, sa production dépasse aujourd'hui les besoins, en sorte que toute nouvelle plantation, au lieu de créer une valeur nouvelle, ne fait que déprécier le capital viticole déjà existant.

Mais c'est un genre de culture qui convient tout particulièrement à des méridionaux, parce que c'est une culture de joueurs. C'est une entreprise dans laquelle on voit, d'une année à l'autre, les prix et les récoltes varier en quantité et en valeur dans des proportions énormes; en sorte que, surtout depuis l'invasion du phylloxera vers 1875, la population méridionale, et non pas seulement les propriétaires mais les simples prolétaires, ont passé dix fois, au cours d'un demi-siècle, de la fortune à l'extrême misère.

L'immense vignoble qui du Rhône à la Gironde, presque sans intervalles, couvre la terre de ses pampres est comme le tapis vert sur lequel, à chaque été, des milliers de joueurs attendent le numéro sortant.

Les lundis, qui sont les jours de marché à Nîmes, le boulevard fourmille d'une foule dense de gens qui viennent s'informer des cours du vin et qui donnent tout à fait l'impression d'une séance à la Bourse de Paris, avec les mêmes cris, la même animation.

Si vous ajoutez aux émotions des cours des vins celles de la politique qui est aussi la passion des Nîmois, passion intensifiée par la division dont je parlais tout à l'heure entre les Rouges et les Blancs, et par les succès obtenus par quelques-uns de ses citoyens — ai-je besoin de rappeler que le président de la

République actuel est un Nîmois, protestant et rouge, tout au moins par ses origines; — si vous ajoutez encore les émotions des courses de taureaux qui sont aussi un des grands événements de la vie locale, et l'animation quotidienne des cafés dont les tables débordantes envahissent les voies publiques, vous aurez un tableau complet de la vie de la ville de Nîmes — mais vous vous sentirez de plus en plus embarrassés pour résoudre le problème que je posais en commençant : pourquoi donc cette ville est-elle devenue le berceau d'une école sociale ? Et non pas seulement *d'une* mais, ainsi que vous allez le voir, de trois ou quatre écloses simultanément !

Je ne puis l'expliquer, mais je trouve là un argument à l'encontre de la doctrine qu'on appelle le matérialisme historique, enseignée comme un dogme non seulement par toute l'école marxiste mais par la plupart des historiens. On affirme que les institutions, les mouvements sociaux, même les idées, sont toujours prédéterminées par le milieu dans lequel elles éclosent. Eh bien, si j'ai esquissé l'historique qui précède, quoiqu'il puisse paraître de nulle utilité pour notre sujet, c'est précisément pour montrer combien ce déterminisme social se trouve ici en défaut !

Voici une ville absolument indifférente à toute espèce de préoccupation sociale et dans laquelle, un beau jour, entre 1883 et 1887, pendant une courte période de 4 ans, dans une histoire deux ou trois fois millénaire, il y a eu comme une éclosion, ce n'est pas assez dire, comme une explosion d'institutions sociales, de mouvements sociaux ! Quatre simultanément !

Les voici :

1° D'abord en 1884 la création de plusieurs coopératives, et la préparation du premier Congrès coopératif national, amorce de l'organisation du mouvement coopératif en France.

2° L'année suivante, 1885, la création de « l'Association Protestante du Christianisme Social » qui depuis lors n'a cessé d'élaborer un programme de rénovation économique et sociale d'inspiration chrétienne.

3° A la même date, une Association a été fondée à Nîmes qui prit pour titre : « Les Jeunes Amis de la Paix par le Droit ». Les jeunes sont devenus vieux mais l'association a grandi et sa Revue mensuelle *La Paix par le Droit* est la plus importante des revues pacifistes publiées en France.

4° Enfin, à la même date, fut créée la Bourse du Travail de

Nîmes; à vrai dire il y en avait déjà une à Paris, mais celle de Nîmes vint du moins la seconde en France, ce qui est déjà honorable.

Si l'aloès, dit-on, ne fleurit qu'une fois tous les cent ans et meurt sitôt après, du moins sait-on qu'il est dans sa nature de fleurir, qu'il y a certaines forces latentes qui dorment dans sa tige et dans sa racine et qu'à un moment donné elles produiront leur effet. On sait qu'on peut attendre la fleur unique et magnifique. Mais ici il n'y avait aucune raison pour attendre cette floraison.

Faut-il donc y voir un miracle, au sens propre du mot, c'est-à-dire un fait sans cause ? un cas de « génération spontanée » ? Evidemment non. Mais, si désagréable que soit ce mot dans la bouche de quiconque fait profession d'enseigner la science, je ne puis voir là qu'un fait du hasard, tout semblable à celui de ces graines qui, transportées par le vent ou les insectes d'un lieu à l'autre, ou peut-être même d'une planète à l'autre, ont communiqué l'étincelle de vie. Eh bien ! il en a été de même ici : une ou deux graines, apportées par le hasard des vents, sont tombées dans cette vieille ville et ont eu la chance d'y germer — mais, comme vous le verrez, elles n'y ont guère pris racine et s'en sont envolées à nouveau pour aller ensemencer plus loin la France et le monde.

§ 2. — Les fondateurs.

Voici en effet comment est née cette Ecole de Nîmes.

Son chef, son principal fondateur, mon vieil ami Edouard de Boyve, n'était nullement nîmois, ni même méridional. Du côté paternel, il était d'une famille protestante lyonnaise, qui, comme tant d'autres, avait dû s'expatrier au moment de la Révocation de l'Edit de Nantes et avait été s'établir en Suisse, à Neuchâtel, où elle était restée plus d'un siècle. Elle était devenue par conséquent à peu près suisse.

Quand la Révolution Française est venue, la famille de Boyve, comme beaucoup d'autres familles protestantes réfugiées à l'étranger, est rentrée en France. Le père, au commencement du siècle dernier, était trésorier général à Amiens. Il épousa une Anglaise; et c'est de ce mariage, d'une famille lyonnaise devenue demi-suisse et d'une mère anglaise, qu'est né le fondateur de l'Ecole dite de Nîmes ! De Boyve passa sa jeunesse dans l'Eure et à Paris; sans dire que cette jeunesse fut précisément dissipée, je puis dire en tout cas qu'elle ne semblait pas le prédestiner à devenir un apôtre social.

Toutefois il subit à Paris l'influence d'un pasteur éminent dont le nom n'est pas aussi connu en France que le mériterait son éloquence, Eugène Bersier. Celui-ci le convertit à la foi chrétienne et servit d'intermédiaire à son mariage avec une demoiselle de « la haute société », comme on dit à Nimes. Comme il n'avait aucune profession et depuis la mort de son père se trouvait dans une situation de fortune sinon opulente du moins indépendante, et sans attaches avec la ville où le hasard de la carrière de son père l'avait fait naître, Amiens, je crois, il ne fit pas d'objections à venir s'établir au pays de sa femme et à répondre ainsi au vœu de ses beaux-parents. C'est ainsi que, après son mariage, il vint s'installer à Nimes. Je n'exagère donc pas en disant que c'est le hasard qui a fait échouer à Nimes ce déraciné — à moins d'y voir l'action d'une Providence tutélaire de la Coopération.

A Nimes, de Boyve, qui n'était pas de ceux pour qui le principal avantage de la fortune est de pouvoir vivre oisif, s'occupa d'œuvres religieuses, de l'hôpital protestant, de toutes les sociétés d'assistance aux pauvres, des sociétés de secours mutuel, et de la Caisse d'Epargne dont il devint un dévoué administrateur.

Comme par sa mère il était resté en relations avec des parents anglais, qu'il parlait parfaitement l'anglais et qu'il recevait des journaux anglais, il s'intéressa aussi au mouvement social en Angleterre. Il se trouva en relations — je n'ai jamais su en quelles circonstances, quoique je le lui ai plusieurs fois demandé, mais il ne s'en souvenait plus lui-même et sans doute faut-il voir là encore un effet du hasard — il se trouva en relations avec le secrétaire de la grande Union Coopérative anglaise, Vansittart Neale, dont le nom revient souvent dans l'histoire du mouvement coopératif anglais. Durant la seconde moitié du siècle dernier Vansittart Neale était un des représentants éminents de l'école célèbre sous le nom de socialistes chrétiens, *christian socialists*. De Boyve fut donc tout naturellement porté à s'intéresser au mouvement coopératif en Angleterre, et à caresser l'idée d'introduire la coopération à Nimes, à la mode anglaise.

Sur ces entrefaites, M. de Boyve se rencontra avec une autre personnalité originale, qui devint l'autre fondateur de l'École de Nîmes, Auguste Fabre. Celui-ci était son aîné de deux ans seulement. Fabre, lui non plus, n'était pas de Nîmes mais d'une petite ville voisine, celle dont je suis moi-même natif, ville moins connue par elle-même que par la famille ducale qui a pris son nom, Uzès. C'est une ville pittoresque mais déchue, où il n'y a plus que de petits propriétaires, de petits commerçants et quelques petites industries locales, poteries, réglisse, filatures de soie. Fabre était de cette dernière catégorie, patron d'une petite filature. Mais quoique appartenant à la bourgeoisie, il n'avait pas du tout l'esprit bourgeois et même affectait un dédain parfois excessif pour ses usages ; c'était ce qu'on appelle un excentrique, curieux de tout ce qui était un peu extraordinaire. Il était passionné notamment de tout ce qui se passait en Amérique, ce qui à cette époque-là était un peu moins banal qu'aujourd'hui. Il se plongeait dans la lecture des ouvrages du socialiste Charles Fourier.

Que de fois, dans cette petite ville d'Uzès où nous habitions tous les deux, nous avons fait le soir ce qu'on appelle le tour de ville — c'est-à-dire le boulevard circulaire qui, comme à Paris, a remplacé les anciens remparts, et comme la ville n'est pas bien grande on peut facilement le faire quarante ou cinquante fois dans la soirée — en explorant les mondes fantastiques créés par ce génial visionnaire, Fourier ! Ces entretiens ont eu sur moi une profonde influence et ont eu pour résultat, bien des années plus tard, la publication d'un petit livre des « OEuvres Choisies » de Fourier, et un cours que j'ai fait ici même il y a deux ans et qui a été publié aussi.

Fabre s'intéressait aussi à tout ce qui se passait en France dans le domaine social. A cette époque il y avait une institution, encore très vivante aujourd'hui mais qui était à ce moment-là au début de sa célébrité, le Familistère de Guise ; c'est une association coopérative de production mais qui se distingue par une inspiration fouriériste et par une organisation semi phalanstérienne. Fabre y alla, non comme simple curieux mais comme employé, afin de le bien connaître. Il y resta deux ans, je crois, et y fit ainsi son noviciat dans la vie coopérative.

Après la guerre de 1870, il abandonna la ville d'Uzès, son métier de filateur, et alla s'établir à Nîmes comme artisan, en ouvrant un petit atelier de mécanicien.

Là, il fonda, avec quelques ouvriers, ce qu'on nommait à Nîmes « une chambrée », une petite réunion de camarades qui, le soir, causaient des événements politiques et sociaux; ils n'étaient pas très nombreux, une quinzaine peut-être. Parmi eux un maçon, Besson, qui fut un collaborateur utile mais resta modestement dans l'ombre. Fabre trouvait là naturellement l'occasion de développer ses idées sociales et il donna bientôt à cette chambrée le nom qui à cette époque-là était beaucoup moins usité qu'aujourd'hui et ne servait pas encore de coup de tamtam à la fin de tous les discours officiels : La Solidarité.

Sur cette société d'éducation il greffa une société coopérative de consommation, toute petite, une trentaine d'ouvriers; on vendait pour une dizaine de francs par semaine. On ne comprend pas comment elle pouvait vivre dans ces conditions : il faut supposer que l'exploitation du commerce privé était grande ! Et cependant, il s'en fonda une autre presque immédiatement après celle-ci — une boulangerie — qui s'appela La Renaissance.

Quant à la chambrée, elle prit un peu plus tard le nom plus imposant de Société d'Economie Populaire, et on peut dire qu'elle a été la première en date des « Universités Populaires », cette institution qui devait prendre dix ans après, de 1897 à 1900, avec Deherme, un immense mais éphémère essor. Voilà donc une cinquième fleur à ajouter à l'éclatante floraison nîmoise de ces années-là.

C'est dans ces séances du soir que ces deux hommes, si différents par leurs origines, leurs caractères, les milieux sociaux d'où ils sortaient, de Boyve et Fabre, se rencontrèrent. Et nouveau hasard à ajouter à tous ceux que je viens d'indiquer !

C'est à partir de ce moment qu'ils lièrent leurs activités et même, peut-on dire, leurs vies. Et pourtant quelles différences de nature entre ces deux compagnons !

Fabre affectait volontiers un certain débraillé et tout au moins un grand mépris de ce qu'on nomme les bonnes manières. D'autre part, à force de fréquenter les êtres fantasques dont Fourier peuplait son phalanstère, les séries, les petites hordes, les vestales, il passa insensiblement de ces limbes aux régions d'au-delà du tombeau. Il devint spirite; pendant la seconde moitié de sa vie, il a passé la plus grande partie de son temps avec des « entités », comme il les appelait, qu'il évoquait, non pas directement mais par l'intermédiaire d'un médium, d'une jeune fille — jusqu'au jour où celle-ci s'étant mariée a perdu son pouvoir d'évocation. Il inscrivait soigneusement les conversations qu'il avait ainsi avec les désincarnés; j'ai vu et feuilleté chez lui les sept ou huit gros volumes sur lesquels il avait inscrit ses conversations avec l'au-delà. Je n'avais pas le courage de lui dire que je les trouvais vraiment d'une insipidité telle que si la survivance ne devait nous valoir d'autre bonheur que de telles méditations, elle ne ferait envie à personne. Mais malgré qu'on pût le suspecter victime de duperie ou d'aveuglement, on ne pouvait s'empêcher d'être tout de même impressionné par la conviction avec laquelle il affirmait qu'il était absolument sûr de sa survivance.

De Boyve, au contraire, était chrétien ; il avait les manières d'un parfait gentleman et même d'un gentleman anglais. Encore qu'il fut coopérateur, et de toutes les sociétés pacifistes, il donnait plutôt l'impression d'un général en non activité. Il sur le mur de son cabinet une panoplie avec des épées et ses trois fils étaient officiers de cavalerie.

Et avec cela il avait le don que je lui ai toujours envié, ne le possédant pas moi-même, de parler aux ouvriers absolument comme s'il était l'un des leurs. Je l'ai vu dîner chez eux. Je ne dirai pas seulement, ce qui serait défigurer son attitude, qu'il se mettait à leur niveau ou qu'il les élevait au sien ; c'était mieux que cela : il supprimait toute espèce de différence entre eux. Aussitôt qu'il était entré, il créait une atmosphère de bonne grâce et de cordialité qui désarmait les cœurs les plus rebelles. Personne, dans la classe ouvrière, ne lui en a jamais voulu de sa particule, ni de ce qu'il était un rentier, ni ne l'a classé parmi les parasites. Il l'était pourtant en ce sens qu'il n'avait pas de profession et vivait de ses rentes; mais il n'a jamais cherché à agrandir sa fortune et même l'a vu diminuer sans souci, car il n'en tirait aucune vanité et aucune jouissance personnelle. Il n'allait jamais ni au café, ni au théâtre, ni en villégiature, à telles enseignes que j'ai entendu des ouvriers socialistes dire : Si la révolution sociale ne devait avoir d'autre résultat que de nous permettre de vivre la vie de M. de Boyve, ce ne serait vraiment pas la peine de la faire !

C'est pourquoi il a gardé toute sa vie dans le mouvement coopératif une autorité qui s'imposait même à ses adversaires, attitude d'autant plus méritoire de sa part qu'elle était très peu goûtée dans sa famille et dans le milieu de petite aristocratie provinciale où il était appelé à vivre.

Je me rappelle, à cette époque-là, avoir un jour traversé la ville de Nîmes en sa compagnie. C'était un jour de pluie et de boue. Il y avait un balayeur qui avec son racloir poussait la boue dans le ruisseau; quand il nous vit passer, il fit à de Boyve un petit signe amical en lui disant : A ce soir ! — Que veut-il dire ? demandai-je. — C'est qu'il y a ce soir, me répondit celui-ci, séance à la Solidarité, et nous nous y retrouverons. — Eh bien, ce n'est pas rien qu'un bourgeois et un balayeur de rues puissent échanger cette amicale salutation, alors qu'il ne s'agit pas d'un candidat et d'un électeur, et ce n'était pas un vain mot que celui inscrit sur la porte de cette chambrée : Solidarité.

C'est alors, que, fort de l'appui de Fabre et des ouvriers qui se trouvaient dans cette chambrée, de Boyve créa sa société coopérative. A quoi bon une troisième, direz-vous, puisqu'il y en avait déjà deux ? Mais les deux précédentes étaient très restreintes, l'une par son objet, parce qu'elle faisait seulement la boulangerie, l'autre par sa composition, puisqu'elle ne se recrutait que parmi les ouvriers, tandis que celle que créa de Boyve avait l'ambition de s'ouvrir, comme les sociétés anglaises, à tous les habitants de la ville. Elle reçut le nom de *L'Abeille Nîmoise*. Elle existe encore aujourd'hui; mais, malheureusement elle ne répond pas tout à fait à son illustre origine; elle est restée malingre depuis 40 ans, malgré tous les efforts faits pour la relever, ce qui semble bien confirmer ce que je disais que la ville de Nîmes n'était pas un milieu très propice à la coopération.

§ 3. — La création de la première Fédération.

Ces deux camarades ne s'en tinrent pas là : ils eurent une plus haute ambition. C'était de créer comme en Angleterre une Fédération de toutes les sociétés coopératives françaises. Celles-ci n'étaient pas encore bien nombreuses; déjà quelques centaines cependant, mais qui vivaient éparpillées, s'ignorant les unes les autres et n'ayant aucun programme commun. On nomma un comité formé de délégués des trois coopératives existantes à Nîmes, L'Abeille, La Renaissance et La Solidarité, et il fut chargé de lancer un appel à toutes les sociétés françaises de consommation. Voici le texte de ce document historique :

« L'idée d'un Congrès des sociétés coopératives de France n'a pas encore abouti. Cependant les nécessités de ce Congrès s'imposent. Pour en finir, les sociétés coopératives de Nîmes sont décidées à en prendre l'initiative.

« Les principales questions qu'il y aura lieu de traiter dans cette Assemblée, sont les suivantes :

« 1° Formation d'une Commission chargée de s'entendre avec le producteur pour arriver, par des achats considérables, à faire profiter les magasins coopératifs des bénéfices des magasins de gros.

« 2° Nomination d'une Chambre Consultative chargée de représenter les sociétés de consommation dans l'intervalle des Congrès.

« 3° Création d'un journal, non politique, qui renseignerait les sociétés sur tous les sujets d'intérêt commun et qui leur servirait d'instrument de propagande. »

Et cet appel fut lancé — c'était en 1885, il y a juste 40 ans — à toutes les sociétés coopératives de consommation de France.

Ce n'était pas facile, car on n'en connaissait pas le nombre; on ne savait pas l'adresse de la plupart d'entre elles. On envoya l'appel aux maires des villes où l'on soupçonnait l'existence de quelque coopérative, en les priant de le faire parvenir aux sociétés ou de les faire publier dans les journaux de la localité.

Ainsi on arriva à recueillir un assez grand nombre de réponses, dont une centaine favorables, mais on évaluait à 300 environ le nombre des sociétés de consommation qui existaient en France à cette date.

Enfin, le 27 juillet 1885 — c'est une ère dans l'histoire de la coopération — le premier Congrès des Sociétés Coopératives de Consommation de France se réunit à la Mairie du quatrième arrondissement, à côté de l'Hôtel de Ville, rue de Rivoli.

Sur 92 sociétés qui avaient envoyé leur adhésion, il y en eut 85 présentes. Ce n'était pas beaucoup, mais cependant au premier congrès anglais, seize ans auparavant, en 1869, il y en avait encore moins (30 sociétés seulement représentées par 63 délégués).

Le Congrès fut honoré par la présence des deux plus illustres représentants de la Coopération anglaise : Vansittart

Neale, dont je parlais tout à l'heure, et Holyoake, qui était déjà célèbre comme historien des Pionniers de Rochdale.

Holyoake publia dans un journal anglais un récit assez humoristique de ce premier congrès. Il ne savait pas un mot de français; aussi ne pouvait-il apprécier le congrès que par son aspect général : c'est ce qu'il fit de façon très spirituelle.

« Le Président, dans son discours, a fait sûrement d'éloquentes allusions à nos personnes; si à ce moment-là j'avais compris ce qu'il disait, j'aurais rougi avec une modestie qui aurait produit bon effet. Malheureusement, je restai avec un visage totalement impassible. Heureusement que la figure plus intelligente de M. Vansittart Neale se colora d'une manière visible et sauva ainsi la réputation de modestie qu'auraient perdue sans cela les délégués anglais. »

Au sujet de l'aspect du Congrès, il note que les Français sont doués d'une éloquence particulière :

« Ils ont plus de spontanéité, plus d'ardeur que nous. Leurs discours ont un brillant et une grâce naturelle; sur ce point, leur Congrès a surpassé de beaucoup le nôtre. Le mouvement des orateurs est prodigieux. Quand ils voulaient attirer l'attention du Président, leur bras était dirigé en haut, en bas, aussi loin que le bras pouvait aller : il semblait qu'il allait atteindre le Président lui-même.

« Un délégué, si j'ai bien compté, a parlé quarante fois. La règle des cinq minutes ne lui a pas été appliquée; mais comme il arrivait que quarante délégués parlaient tous à la fois, cela faisait compensation, et les cinq minutes règlementaires se trouvaient ainsi respectées. »

La presse française fit un accueil assez bienveillant à ce Congrès, plus bienveillant qu'elle ne le ferait aujourd'hui. *Le Temps* consacra plusieurs colonnes à la reproduction des procès-verbaux des séances, tandis que pour les Congrès coopératifs actuels il ne dit plus mot. *Les Débats*, *Le Petit Parisien*, en parlèrent l'un et l'autre comme d'un mouvement excellent et qu'il fallait encourager.

Cependant déjà *L'Economiste Français*, le journal de Leroy-Beaulieu, qui devait plus tard nous dénoncer comme un danger social, en eut dès le premier jour le pressentiment et s'exprimait sur le Congrès d'une façon peu bienveillante :

« Le 27 juillet, dit-il, après de longs débats on dût entendre une remarquable collection d'âneries. Mais le bon sens restant prit peu à peu le dessus... »

Pour clôturer sa session, le Congrès vota les décisions qui étaient indiquées dans l'appel que j'ai lu tout à l'heure. Voici les principales résolutions :

Reconstituer l'organisation définitive du mouvement coopératif français :

1° Institution d'un Congrès annuel composé de délégués élus par les sociétés coopératives.

2° Institution d'une sorte de gouvernement permanent, sous le nom de Chambre Consultative, qui devrait diriger le mouvement coopératif dans les intervalles des congrès.

3° Institution d'une autre Chambre dite « commerciale » — mot malheureux quand il s'agit d'un mouvement qui tend à supprimer le commerce — mais on voulait par ce qualificatif la distinguer de la Chambre précédente. La Chambre Commerciale n'aurait pas pour rôle de diriger le mouvement mais de s'occuper des affaires, c'est-à-dire acheter les marchandises et les répartir entre les diverses sociétés.

Une cotisation — une espèce d'impôt, mais les gouvernements, même quand ils sont facultatifs, ne peuvent marcher sans impôts — fut établie, à raison de un sou par membre pour le fonctionnement de la Chambre Consultative, et 2 sous pour la Chambre Commerciale. C'était un budget ridicule, mais on craignait, au début, de décourager les adhésions des sociétés encore réfractaires à l'union.

Le siège du mouvement fut fixé à Paris. Ainsi, dès le début, Nîmes, quoique berceau de l'organisation nouvelle, renonçait à en prendre la direction et cédait cet honneur à la capitale, sachant bien que les sociétés parisiennes n'accepteraient pas de relever de Nîmes. De Boyve ne voulut d'autre fonction que celle de trésorier de l'organisation, fonction qui, si l'on ne regarde qu'aux chiffres que je viens d'indiquer, ne semblait pas devoir être très lourde, mais qui l'était beaucoup plus si l'on regardait aux difficultés de recouvrement !

Toutefois de Boyve, dès l'année suivante, devait assumer une autre fonction beaucoup plus importante, et donner à l'Ecole de Nîmes une voix qui depuis quarante ans n'a cessé de parler haut, non pas seulement sur la coopération mais sur toutes les questions sociales et même internationales : ce fût la direction du journal *l'Emancipation* dont le Congrès avait décidé la création dans la résolution que je viens de citer. Mais nous en parlerons dans une prochaine leçon.

CHAPITRE II.

LA COOPERATION EN FRANCE AVANT L'ECOLE DE NIMES

§ 1. — Le mouvement coopératif de 1830 à 1885.

Je ne voudrais pourtant pas donner à croire que c'est l'Ecole de Nimes qui a inauguré le mouvement coopératif en France. Quand elle a commencé — en 1885 — il datait d'une cinquantaines d'années déjà. C'est en effet en 1835, à Lyon, ou même, si l'on veut, en 1828, à Guebwiller (Haut-Rhin), qu'ont paru les premières coopératives de consommation en France.

Celle de Lyon a eu une histoire assez intéressante parce qu'on a réclamé, à tort d'ailleurs, pour les coopérateurs lyonnais, la priorité du mouvement coopératif (1). Chronologiquement et relativement aux Pionniers de Rochdale, c'est exact, mais en fait, cette association lyonnaise qui avait pris le titre très caractéristique « Au Commerce véridique » ne dura pas. Trois ans après sa naissance, elle avait disparu. Toutefois, il est juste de dire que si elle disparut ce n'est pas tout à fait sa faute, ni même celle du milieu populaire, qui était à Lyon beaucoup plus propice que celui de Nimes; mais c'est parce que l'administration, la police, le gouvernement, lui firent la vie dure. C'est avec une surprise, qui va jusqu'à l'hilarité, que nous lisons aujourd'hui les actes officiels auxquels a donné lieu cette innocente coopérative d'ouvriers tisserands de Lyon. Voici une lettre du procureur général au préfet de Lyon :

« La police de Lyon vient de découvrir un genre de commerce inusité qu'elle considère comme le masque d'une association illicite; c'est pourquoi j'ai dû vous en instruire, quoique j'ai peine à partager le même soupçon. »

Puis l'auteur de la lettre expose quel est le mécanisme de cette société de consommation qui nous paraît aujourd'hui des

---

(1) Voir sur cette controverse historique, notre cours *Le Mouvement Coopératif à l'étranger (Angleterre et Russie)* pp. 18-19.

plus inoffensives, mais qui, à ce moment-là, apparaissait comme une machination des plus suspectes. Cette idée de bénéfices qui seraient versés aux consommateurs, cette combinaison d'affaires et de solidarité, tout cela surexcitait les méfiances du gouvernement et de la police. « Voilà une étrange manière de faire le commerce... Pour mon compte je n'aperçois que jonglerie, prélude d'escroquerie. »

Cependant, il faut rendre cette justice au procureur général de Lyon que, tout en signalant cette association comme illicite et inquiétante, il ne conseilla pas de la poursuivre. Il conclut, en effet :

« M. le procureur du roi a commencé une instruction; mais j'ai conseillé de ne pas aller plus loin. »

En effet, il n'y eut pas de poursuites judiciaires. Mais le simple fait que cette association avait été signalée comme délictueuse, comme pouvant constituer une espèce de conspiration, effraya les ouvriers qui, à cette époque, étaient beaucoup plus timides qu'aujourd'hui, et ce fut une des causes de la dispersion prématurée de cette association.

Cependant, l'association de Lyon ne mourut pas tout entière; elle laissa çà et là, sur différents points de la France, quelques petites pousses qui se développèrent et se multiplièrent mais avec une extrême lenteur.

Il faut savoir d'abord que durant la période de 50 ans qui précéda l'avènement de l'Ecole de Nîmes, la coopérative de consommation n'occupa qu'une très petite place; mais au contraire la coopération de production en a tenu une très importante (1).

La coopération de production se donne pour but l'élimination du patron, la suppression du salariat, la possession par l'ouvrier de ses instruments de travail, le droit à la jouissance intégrale des produits de son travail ; or tout cela flattait et séduisait la classe ouvrière française beaucoup plus que la société coopérative de consommation dans laquelle la classe ouvrière n'avait pas encore appris à voir un mode d'émancipation. A première vue, en effet, la coopérative de consommation est simplement un magasin d'épicerie, de boulangerie ou de quincaillerie, dont les associés sont tout à la fois les patrons et les clients ; mais on n'y voyait qu'une question de pot-au-feu.

(1) Voir notre Cours : *Les Associations Coopératives de production.*

Ce fut tout particulièrement le jour où la Révolution de 1848 donna le suffrage universel et installa ainsi le gouvernement du peuple, que l'association coopérative de production apparut comme une sorte de démocratie ouvrière économique, parallèle à la démocratie politique.

De ce grand mouvement de 1848, qui fit éclore plusieurs centaines d'associations de production, les coopératives de consommation bénéficièrent aussi, mais dans une faible mesure; on en compta non pas quelques centaines mais quelques douzaines.

Elles n'eurent pas de chance parce que, de même que l'association lyonnaise de 1835, elles se heurtèrent à une répression presque absolue du gouvernement. Car on sait qu'en 1852, après le coup d'Etat et l'établissement du Second Empire, le gouvernement, qui redoutait naturellement toute association, fit dissoudre toutes les coopératives et syndicats.

Et à Lyon particulièrement, un militaire sans gloire, le maréchal de Castellane, fit fermer *manu militari* toutes les associations qui s'y trouvaient et étouffa ce foyer coopératif.

Malgré cet échec décourageant, la partie n'était pas encore perdue, et vers 1864-1865 il se fit une nouvelle poussée qui, à la différence de la précédente, porta moins sur les associations de production que sur celles de crédit et de consommation.

Pourquoi ? Qu'est-ce qui, à cette date, peut expliquer cette nouvelle orientation ?

C'est d'abord que le gouvernement de Napoléon III, à cette époque-là, s'appliqua à devenir ce qu'on a appelé l'Empire libéral et fit certaines avances à la classe ouvrière. Il se montra donc assez favorable aux associations coopératives et Napoléon III, dans un de ses discours, daigna même y faire une allusion bienveillante.

D'autre part, c'est à cette date, en 1862, que parut en France la traduction du livre anglais de Holyoake, *l'Histoire des Pionniers de Rochdale*. Cette histoire ne laissa pas que de faire un certain effet, et quelques-uns de ceux qui lurent ce livre essayèrent de refaire en France l'entreprise des Pionniers de Rochdale.

Mais ce n'est pas seulement en France, c'est dans presque tous les pays d'Europe que cette date de 1865-1866 a marqué le point de départ du mouvement coopératif de consommation.

Et il y a là un synchronisme qui, quoique assez fréquent dans les mouvements sociaux, n'est pas facile à expliquer par des causes économiques ou autres, encore qu'ici nous répugnions à y voir simplement une coïncidence fortuite.

Je ne ferai pas l'énumération des sociétés coopératives qu'on vit naître à cette époque un peu partout, à Paris, à Nantes, à Roubaix, à Lille, à Lyon surtout, et presque dans tous les centres où il se trouva quelque personnalité, je ne dirai même pas socialiste, mais tant soit peu philanthrope.

Ceux qui voudraient des renseignements sur cette période d'un demi-siècle qui va de 1835 à 1885, dont je n'ai dit quelques mots que pour montrer quel était le milieu dans lequel l'Ecole de Nîmes allait se développer, les trouveront dans un livre de M. Gaumont, *Histoire de la Coopération Française*, prodigieusement documenté, en deux volumes de 500 pages, dont le premier est tout entier consacré précisément à cette période qui précède la naissance de l'Ecole de Nîmes. On trouve là notamment l'histoire des nombreuses sociétés qui ont poussé à ce moment-là sur différents points de la France.

Au reste, la meilleure preuve qu'il y eut à ce moment un mouvement sérieux c'est que le pouvoir législatif dût s'en occuper et qu'en 1867 une loi célèbre, la loi du 29 juillet 1867, donna un statut législatif aux associations coopératives.

Cette loi était une loi organique pour les sociétés de tous genres, mais elle avait une section spéciale qui portait d'abord ce titre : « loi sur les associations coopératives » ; puis, par un scrupule législatif, on pensa qu'il ne fallait pas légiférer pour une forme déterminée d'association, et on remplaça ce titre par celui de : « sociétés à capital et à personnel variables », qui est devenu le qualificatif juridique des associations coopératives.

Une autre preuve de l'importance que commençait à prendre la coopération dans l'opinion publique, ce fut un manifeste publié en 1868 et qui nous a été révélé par M. Gaumont, dans son livre que je viens de citer. Ce manifeste portait 200 signatures où figurait toute l'élite de la société libérale, politique, universitaire de l'époque : des noms qui aujourd'hui pâlissent dans le recul du passé, mais qui à cette époque étaient illustres : M. de Laboulaye, qui sous le Second Empire a été le professeur le plus applaudi du Collège de France ; Clamageran, Jules Claretie, plus tard directeur du Théâtre Français, Crémieux,

Adam, Elie Reclus le géographe, Henri Martin l'historien, etc. Ils préconisaient la coopération dans ce long manifeste, mais en ayant soin de la présenter comme en parfait accord avec ce que les économistes nomment « les lois naturelles de la science économique ». Voici seulement les premières lignes :

« Qu'est-ce que le système coopératif ? C'est l'alliance du principe libéral avec le principe de la solidarité.

« Ce système qui ne méconnait aucune des lois économiques constatées par la science... »

Toutefois lorsque, à l'occasion de l'Exposition Universelle de 1867, qui fut la mieux réussie des grandes Expositions Internationales, les sociétés coopératives demandèrent à tenir un Congrès International, ce mot international effraya le gouvernement et, malgré ses velléités libérales, il interdit le congrès. Cette interdiction ne fit d'ailleurs aucun tort à la coopération; ce fut au contraire pour elle une sorte de réclame, montrant que ce mouvement commençait à prendre une certaine force et même à inquiéter les pouvoirs publics.

§. 2. — Comment la Coopération fut accueillie par les économistes.

Après ce rapide historique de fait, reste une question plus intéressante : c'est de savoir quelle était, à cette époque, l'attitude des intellectuels, des économistes, des socialistes, en un mot des différentes écoles sociales, vis-à-vis de cette nouvelle venue

Commençons par l'Ecole économique classique. A vrai dire, ce mot d'école n'est pas du tout accepté par les économistes. Ils disent qu'il n'y a qu'une science économique et qu'il n'y a pas de distinction à faire entre les économistes, sinon à distinguer ceux qui savent l'économie politique et ceux qui ne la savent pas. Ils se rangeaient naturellement dans la première catégorie.

Il faut d'ailleurs reconnaître que cette affirmation hautaine était fondée à cette époque. Depuis bientôt un siècle, depuis les Physiocrates, en passant par Jean-Baptiste Say et par Bastiat, et ensuite, sous le Second Empire, avec Michel Chevalier, les économistes avaient maintenu avec une fidélité vraiment admirable tous les principes, tous les dogmes, pourrait-on dire, de l'économie politique classique, sans connaître de division d'écoles et même sans rencontrer d'oppositions ni de contradictions, sans avoir vu se dresser contre elle d'adversaires — sinon deux qui étaient l'un le socialisme, l'autre le protectionnisme, mais qui semblaient à cette date, l'un et l'autre, définitivement hors de combat.

Car à ces deux adversaires, l'Economie classique avait livré bataille sans fléchir un instant, avec une vaillance et une persévérance à laquelle il faut rendre hommage. Il suffit de rappeler tous les livres de cette époque et tout particulièrement les célèbres pamphlets de Bastiat, dirigés à la fois contre le socialisme et contre le protectionnisme.

En ce qui concerne le socialisme, il ne restait presque plus rien des grandes écoles de Saint-Simon, de Fourier, de Cabet, de Pecqueur, de Louis Blanc, à peine çà et là quelques disciples attardés et dispersés, de sorte que dans le Dictionnaire d'Economie Politique, qui codifiait pour ainsi dire tous les principes de l'Economie politique classique, à l'article intitulé « Socialisme », un des économistes de cette époque, Coquelin, pouvait écrire cette sentence :

« Parler du socialisme, ce ne peut être que faire une oraison funèbre. »

Quant au protectionnisme, il venait de subir une éclatante défaite par les traités conclus entre la France et l'Angleterre, les célèbres traités de 1860 qui furent adoptés successivement par presque tous les pays de l'Europe.

Ce n'était pas encore le libre-échange absolu, ce n'était pas le *free trade* anglais, puisqu'il y avait encore des droits de douane, mais enfin c'était, semblait-il, la disparition prochaine des servitudes protectionnistes qui duraient, en France, depuis deux siècles déjà.

C'était précisément deux grands économistes, Michel Chevalier pour la France, Cobden pour l'Angleterre, qui avaient négocié ces traités et pensaient bien faire œuvre définitive.

Non seulement ses chefs, mais tous ses organes — la Société d'Economie Politique, la Revue dite « le Journal des Economistes », doyenne de toutes les Revues d'Economie politique du monde entier — propageaient cette doctrine et lui avaient conféré une autorité pour ainsi dire incontestée. Au moment où nous sommes, c'est-à-dire vers 1860, l'Economie politique classique était à l'apogée de sa gloire.

Et alors, j'en reviens à ma question : Quel accueil fit-elle au mouvement coopératif ?

Elle aurait eu quelques motifs de le considérer avec une certaine suspicion. En effet, ce mouvement coopératif, que ce fût celui de production ou celui de consommation, avait des origines non seulement populaires mais même socialistes.

Ce n'est pas que l'école économique classique fût hostile au mouvement démocratique. Le qualificatif même qu'elle acceptait, « école libérale », disait assez qu'elle n'était pas réactionnaire, qu'elle ne voulait pas revenir à l'ancien régime; mais néanmoins, dans certains de ces programmes coopératifs il y avait des revendications sur l'émancipation de la classe ouvrière, sur l'abolition du salariat, sur l'élimination des intermédiaires, sur le remplacement de la concurrence par la coopération, qui étaient de nature à éveiller certaines inquiétudes chez les économistes.

L'association coopérative de production qui visait à éliminer le patron, à donner à l'ouvrier l'intégralité du produit de son travail, la société coopérative de consommation qui prétendait éliminer le marchand, les intermédiaires, le commerce, tout cela paraissait bien un peu gros, un peu inquiétant. Mais les économistes ne virent dans ces programmes que des enfantillages d'hommes peu éclairés et ne les prirent pas au sérieux. Et d'autre part, à regarder de plus près le programme de la coopération de production ou de consommation, les économistes y trouvaient beaucoup de traits qui leur plaisaient, qui s'accordaient même avec les enseignements de l'Ecole économique classique.

Sans doute si les économistes d'alors étaient restés tout à fait fidèles à la tradition de la Révolution de 1789, ils se seraient méfié de toute association. Vous n'ignorez pas qu'un des actes célèbres de la Révolution de 1789 fut de prohiber toutes associations entre ouvriers, de quelque nature qu'elles fussent, comme contraires à l'intérêt général. L'individualisme de cette époque, en affirmant les Droits de l'Homme, n'acceptait pas volontiers l'idée que ces Droits fussent restreints par des liens quelconques. Il voyait dans toute association une diminution de la personnalité de l'individu — et c'est vrai.

Mais les économistes, à l'époque dont je parle, étaient revenus de cet individualisme farouche. Ils admettaient l'association, à la condition que cette association eût pour résultat non pas de comprimer l'individu, comme les anciennes corporations, mais de le fortifier par l'aide mutuelle et réciproque de tous les membres de l'association.

Or, tel était bien le caractère des associations libres : c'étaient des ouvriers qui ne demandaient leur émancipation qu'à leur propre effort. Les Economistes trouvaient cela très bien; cela rentrait tout à fait dans leur programme. C'était sinon le *self help* des Anglais, du moins le *mutual help* : aidez-vous les uns les autres.

Il est vrai que les coopératives de production avaient un peu oublié cette fière devise, en 1848, en demandant des subventions à l'Etat et c'était là un gros grief pour les économistes, mais à tout péché miséricorde. D'ailleurs ils pensaient que l'échec de cette expérience les aurait éclairées et il ne semblait pas que les coopératives de consommation, en tout cas, fussent disposées à la renouveler.

Les économistes voyaient autre chose encore dans les sociétés coopératives : ils y voyaient un mode d'épargne perfectionné.

En effet, vous savez tous que les bénéfices que réalisent ces sociétés de consommation, elles les répartissent sous forme de « ristournes » entre leurs membres, au prorata de leurs achats, de façon que tout sociétaire qui a fait ses achats au magasin coopératif est assuré de recevoir, à la fin de l'année ou du semestre, un remboursement sur les dépenses qu'il aura faites, remboursement qui pourra être de 5, 10, parfois 15 %.

Eh bien ! ce remboursement n'est autre qu'une épargne, et une épargne qui a ceci de merveilleux qu'elle n'aura rien coûté à celui qui en bénéficie, car elle ne l'aura contraint à aucune diminution de dépense. Si l'ouvrier avait dû prélever sur son salaire, pour la porter à la caisse d'épargne, une somme égale à celle qu'il reçoit sous forme de ristourne, il aurait été obligé de se priver d'une valeur correspondante et d'amputer son maigre budget de 100, 200, 500 francs. Tandis que, grâce à cette ristourne, il dépense exactement la même somme qu'il aurait dépensée chez l'épicier du coin, mais à la fin de l'année il a cette agréable surprise qu'on lui remet la part de bénéfices que l'épicier aurait mise dans sa poche.

C'est là une épargne qu'on a appelée humoristiquement « l'épargne par la dépense » et qui est évidemment très supérieure, comme mécanisme, au vieux système de la caisse d'épargne.

Ce n'était pas seulement un mode d'épargne perfectionné que les économistes goûtaient dans cette invention, c'était un moyen de faire acquérir à l'ouvrier, petit à petit, la propriété des entreprises commerciales ou industrielles, car l'argent qui lui est ainsi remboursé, il peut le laisser à la société sous la forme d'un dépôt ou mieux sous la forme d'actions; il se trouvera ainsi copropriétaire du magasin. Le voilà donc, ce prolétaire, grâce à la société de consommation, devenu petit capitaliste ! Il avait la prétention de s'émanciper et d'abolir le salariat, eh bien ! il peut obtenir satisfaction, sans rien casser; il sera en effet émancipé le jour où ce petit capital, accumulé d'année en année, lui permettra — soit, s'il le garde, de s'établir pour son propre compte, d'acheter une petite terre; soit, s'il le laisse dans la société, de devenir actionnaire, petit capitaliste, tout comme un bourgeois.

Sous cette forme l'émancipation du salariat n'a rien d'inquiétant pour les conservateurs, car, même sous le régime actuel, ne voit-on pas des ouvriers qui deviennent patrons, et même, aux Etats-Unis, qui deviennent milliardaires, simplement par leur travail, par leur épargne, par leur savoir-faire ? Seulement, tant qu'elle ne peut se faire que sous la forme individuelle, cette émancipation est très difficile ; mais si, par le moyen de la société coopérative de consommation, l'ouvrier peut arriver à s'émanciper plus aisément et à devenir petit capitaliste ou petit patron, c'est parfait ! Ce ne sera que la mise en pratique des conseils d'épargne, de prévoyance et de sagesse que de tout temps on a donné à la classe ouvrière.

Voici, par exemple, comment s'exprimait un grand économiste et un grand financier de l'époque, Léon Say, le petit-fils de Jean-Baptiste Say (1) :

« La société coopérative est une caisse d'épargne qui profite de ce qu'elle a beaucoup de déposants pour ouvrir un magasin et faire de ses déposants ses clients. »

Et il ajoute ceci, qui est caractéristique :

« Ce point de vue paraîtra, je n'en doute pas, manquer d'élévation à un certain nombre de personnes engagées dans ce mouvement. Pour elles, le but n'est pas la constitution de

(1) Dans une séance de la Société d'Economie politique de novembre 1866.

l'épargne, c'est l'affranchissement du travailleur. Les sociétés coopératives sont définies par ces personnes comme des ententes pour la suppression des intermédiaires, banquiers, marchands, patrons.

« Mais la question est de savoir si cette suppression des intermédiaires, si cet affranchissement des travailleurs, n'est pas justement la conséquence nécessaire de la constitution des épargnes entre les mains de ceux-là même qui veulent s'affranchir (1) ».

Voilà à quel point de vue les coopératives de consommation apparaissaient aux économistes comme rentrant parfaitement dans le programme classique.

A un troisième point de vue encore, la coopération apparaissait aux économistes non point comme la suppression de la concurrence, ainsi que l'annonçaient leurs prophètes, mais au contraire comme une forme de la concurrence très recommandable, très efficace, parce que les économistes reconnaissent très bien que les marchands sont trop souvent tentés d'exploiter les clients et que, quand il n'y a pas d'autre garantie pour le client que la concurrence qu'ils se font entre eux, cette concurrence est souvent en défaut. Eh bien, lorsque les marchands veulent mettre leurs services à trop haut prix, la société de consommation peut les tenir en bride. Car qu'est-ce que le marchand, pour le public ? C'est un serviteur, un domestique chargé de faire ses achats; il fait notre marché. Si nous trouvons qu'il fait payer ses services trop cher, nous lui disons : nous nous passerons de vous, nous consommateurs, et ferons notre service nous-mêmes, nous achèterons nous-mêmes nos provisions. La société coopérative de consommation apparait à ce point de vue comme une forme perfectionnée de cet effort d'économie que font depuis la guerre bon nombre de ménages de la classe bourgeoise qui, trouvant que les domestiques coûtent trop chers, font eux-mêmes leur marché et leur ménage. Les économistes, ici encore, ne pouvaient qu'approuver.

Ces ouvriers coopérateurs qui deviennent de petits capitalistes, qui apprennent le maniement du capital et les bienfaits de l'économie, qui pratiquent cette vertu essentielle de payer comptant et de ne plus acheter à crédit, ne deviendront-ils pas

(1) Conférence du 27 novembre 1866, reproduite dans le journal *le Travail*.

des défenseurs de l'ordre économique ? Et ainsi la coopération, au lieu d'être l'aile droite du socialisme, ne deviendra-t-elle pas l'aile gauche du parti conservateur ?

Les économistes concluaient donc que, somme toute, la société coopérative de consommation, loin d'être un péril social, servirait au contraire de barrière à la révolution. L'un d'eux même le dit en propres termes :

« La coopération sera un barrage à la Révolution et à l'utopie. »

Je pourrais citer nombre d'autres textes des économistes de ce temps. En voici un de Walras (*Associations populaires* page 13) :

« Dans tous les cas, ce capital aura été créé par les soins et fonctionnera à l'avantage des associés qui, de simples travailleurs qu'ils étaient, deviendront des capitalistes; la société coopérative ne tendant, en ce qui les concerne, à rien autre chose qu'à l'accomplissement le plus complet du programme économique. »

Aussi, vous ne serez pas surpris de voir figurer parmi les patrons de la coopération, à ce moment-là, non seulement les économistes les plus réputés, Léon Say, dont je viens de parler tout à l'heure, Léon Walras, devenu le chef de l'Ecole de Lausanne, Claudio Janet qui deviendra chef de l'école sociale catholique libérale, mais aussi les grands bourgeois de l'époque, tel que Casimir Périer, fils du ministre de Louis-Philippe et père de celui qui devait devenir plus tard président de la République. Casimir Périer s'intéressa personnellement à la coopération et dans son fief d'Anzin — car les mines d'Anzin appartiennent en grande partie à la famille Casimir-Périer — il créa lui-même une société coopérative de consommation qui, aujourd'hui encore, est une des plus considérables. Et encore d'autres noms très connus, d'Haussonville, Cochin (le père de Denis Cochin qui a été ministre pendant la grande guerre), et même un fils de roi, le comte de Paris, fils de Louis-Philippe, qui, dans un livre sur les associations ouvrières, a consacré quelques pages très bienveillantes au mouvement coopératif Ajoutez le nom d'un homme qui n'était pas seulement un économiste et un philanthrope, mais qui joua un rôle politique de premier plan sous le Second Empire et au début de la République, qui devint ministre au moment de la République du 4 Septembre après avoir été, sous l'Empire, un des fameux Cinq de l'opposition, Jules Simon. Dans plusieurs de ses discours, notamment celui prononcé à la Chambre le 7 juin 1867 pour appuyer la loi organique dont nous avons parlé, il portait aux nues l'association coopérative :

« Il y a là, disait-il, le germe d'une véritable réforme sociale, la solution la plus vraie et en tout cas la plus pacifique du redoutable problème des rapports du capital et du travail. »

Et ailleurs :

« Les sociétés coopératives renouvellent le miracle de la création : elles font quelque chose avec rien. »

Aucun leader de la Coopération n'a été jusque-là !

§ 3. — Comment la Coopération avait été accueillie par les socialistes.

Et du côté des socialistes, quel est l'accueil qui a été fait à la Coopération ?

Cet accueil a beaucoup varié au cours du siècle dernier.

Il a, d'abord, été sympathique, aussi longtemps que les socialistes sont restés sous l'influence des socialistes français du commencement du siècle dernier, de Saint-Simon, de Fourier, et plus tard de Cabet, de Louis Blanc, car tous étaient associationnistes. Tous voyaient dans l'association libre la vraie solution de la question sociale.

Il est vrai que leur sympathie se portait plutôt vers la coopération de production que vers la coopération de consommation ; cependant, elle n'excluait pas celle-ci.

Quant aux ouvriers, jusqu'au milieu du siècle dernier, dans leurs congrès et leurs manifestes, ils ne manquaient pas de mettre au premier rang l'association coopérative sous ses diverses formes.

Mais de 1850 à 1880, et surtout de 1860 à 1880, la sympathie du socialisme pour la coopération a été décroissant. Je puis en donner une preuve bien significative en citant les ordres du jour des trois Congrès ouvriers qui se sont succédés, à bref intervalle cependant : celui de Paris, en 1876; celui de Lyon, en 1878, et celui de Marseille, en 1879.

Vous allez voir quel est le changement de ton, de l'un à l'autre, dans ce court espace de trois années.

Voici pour le Congrès de 1876; c'est un rapport du délégué Dupire :

« Reconnaissant la coopération comme moyen radical d'affranchissement du travail et de la suppression du paupérisme... »

Il est voté à l'unanimité. L'affirmation dans la valeur émancipatrice de la coopération est ici sans réserves.

Deux ans après, au Congrès de Lyon, voici une autre résolution, sympathique mais déjà dubitative :

« Les syndicats, ne devant pas oublier que le salariat n'était que l'état transitoire entre le servage et un état innommé, devront mettre tout en œuvre pour l'établissement de sociétés générales de consommation, de crédit et de production, appuyées sur un contrôle sérieux dont l'absence est cause des insuccès passés. »

C'est encore un salut à la coopération comme devant conduire la classe ouvrière du régime du salariat à un régime « innommé », mais on sent que la foi est ébranlée par les insuccès qui sont constatés.

Enfin, l'année suivante, au Congrès de Marseille, voici l'ordre du jour qui fut voté :

« Considérant.,...

« Que les sociétés coopératives de production ou de consommation ne peuvent améliorer le sort que d'un petit nombre de privilégiés, dans une faible proportion, déclare que ses sociétés ne peuvent aucunement être considérées comme des moyens assez puissants pour arriver à l'émancipation du prolétariat ;

« Que néanmoins ce genre d'associations peut rendre des services comme moyen de propagande pour la diffusion des idées collectivistes et révolutionnaires, dans le but de mettre des instruments de travail entre les mains des travailleurs ;

« Il doit être accepté au même titre que les autres genres d'associations, dans le seul but d'arriver au plus vite à la solution du problème social par l'agitation révolutionnaire la plus active. ».

Quel revirement ! On déclare la coopération absolument incapable d'atteindre ses fins et ne devant plus être acceptée que comme moyen de propagande. C'est l'abandon du programme coopératif.

Comment se fait-il donc que, dans un si court laps de temps, les sentiments de la classe ouvrière vis-à-vis du mouvement coopératif aient tellement changé ? Il y a bien des causes qui l'expliquent.

Si les socialistes dont je citais les noms tout à l'heure, les fondateurs de la première moitié du siècle, avaient été favorables à l'association et à la coopération, il y en avait cependant un qui ne lui était pas très sympathique; et c'est celui dont l'influence a été la plus grande, surtout au milieu du siècle dernier, c'était Proudhon. Il n'y avait plus guère que des proudhoniens parmi les socialistes de 1860 à 1878.

Proudhon était anarchiste, non dans le sens vulgaire que l'on donne à ce mot, non anarchiste révolutionnaire, mais anarchiste au sens d'ultra-individualiste. Il ne songeait pas à lancer des bombes, sinon sous forme de quelques mots détonants, comme « la propriété c'est le vol » ou « Dieu c'est le mal ». Il était très ombrageux pour tout ce qui risquait de porter atteinte à l'individualisme, et en cela il était vrai fils de la Révolution de 1789. Je vous ai fait remarquer que les hommes de la Révolution étaient hostiles à l'association parce qu'ils voyaient dans l'association, sous toutes ses formes, une certaine atteinte à l'indépendance individualiste. C'était aussi le sentiment de Proudhon.

Pourtant il avait d'abord accueilli avec une certaine faveur les sociétés de consommation parce qu'elles supprimaient le profit. Au début, ce fut l'un des articles importants du programme proudhonien; mais plus tard, il fut rayé. Ainsi les proudhoniens n'étaient pas très favorables aux sociétés de consommation.

Mais les coopératives virent surgir un bien autre adversaire que Proudhon ! Le livre célèbre de Karl Marx *Le Capital* est de 1867, mais la traduction française par Leroy n'a paru qu'en 1872. Ce n'est donc qu'à partir de ce moment que les socialistes français, ou du moins la classe ouvrière, ont commencé à connaître le collectivisme marxiste. C'est alors seulement qu'ils ont appris ce qu'était la lutte de classes, la plus-value du travail accaparée par le patron, et la loi d'airain, quoique celle-ci, à vrai dire, ait pour père moins Karl Marx qu'un autre socialiste allemand, Ferdinand Lassalle, et avant lui les économistes de la doctrine la plus orthodoxe, Turgot et Ricardo.

La loi d'airain enseignait que, quoi qu'on fasse sous notre régime économique actuel, le salaire de l'ouvrier se règlera toujours sur ses dépenses pour son entretien; il ne sera jamais supérieur. Donc, disaient les marxistes, avec les sociétés de consommation, vous lui faites jouer un rôle de dupe, parce que plus vous diminuerez le coût de la vie et plus vous diminuerez son salaire. Si vous arrivez par les sociétés de consommation à lui faire économiser 10 % sur tous ses frais d'entretien, vous verrez à bref délai le taux des salaires diminuer dans la même proportion ! Cette organisation ne servira donc à rien.

En dehors même de l'objection de la loi d'airain, les marxistes dédaignaient la coopération de consommation comme un moyen tout à fait insuffisant, chimérique, d'émancipation du salariat. Elle le retarderait même, car le régime économique actuel étant caractérisé par l'opposition de la classe prolétaire et de la classe possédante, la solution de la question sociale ne peut se trouver que dans l'expropriation générale de toute la classe capitaliste (1).

Le programme coopératif au contraire cherche l'émancipation par petits groupes, par petites sociétés. Mais il est absurde de penser que cette expropriation pourra se réaliser par la généralisation des boutiques coopératives. L'émancipation qu'elle promet ne sera jamais que celle d'un petit nombre d'ouvriers qui auront su faire fructifier leurs sociétés et qui, le jour où ils seront devenus de petits bourgeois, se détacheront de la masse par le même procédé que sous le régime capitaliste. Cette émancipation n'a aucune valeur pour les socialistes : tout au plus, diront ils, peut-elle fournir une conclusion morale à ces contes bourgeois pour écoles primaires qui nous montrent tout ouvrier capable de devenir un Vanderbilt ou un Rockfeller s'il est bien sage.

CHAPITRE III.

LES DEBUTS DE L'UNION COOPERATIVE

§ 1. — Le Comité Central de la rue Christine.

Je rappelle qu'à la suite du Congrès qui a organisé le mouvement coopératif, le Congrès de Paris de 1885, il avait été décidé qu'un Conseil Central serait créé, qui servirait de

(1) Pour cette question des relations entre le Marxisme et le Coopératisme nous renvoyons à notre Cours sur *Le Programme Coopératiste*, brochure II, et à celui de la présente année sur *Le Mouvement Coopératif à l'étranger* (Russie) pp. 130-134.

petit parlement au mouvement coopératif, ou tout au moins aux sociétés adhérentes à la nouvelle organisation.

Vous savez aussi que Nimes, ne prétendant pas devenir la capitale de la Coopération française, avait cédé cet honneur à Paris. C'est donc à Paris que fut placé le siège social bien modeste de l'Union. Mais cette localisation eut des conséquences graves et imprévues sur l'orientation du mouvement coopératif.

On était en droit de penser que l'Union serait ainsi mieux placée pour attirer les coopératives socialistes. En effet, la plupart des coopératives socialistes se trouvaient à Paris et dans le département du Nord. Le préjugé des Parisiens contre tout ce qui vient de province se trouverait ainsi écarté.

Les grandes sociétés coopératives de Paris, même celles qui avaient adhéré au premier Congrès de 1885, n'avaient pas adhéré à la nouvelle Union. Il ne faut pas s'en étonner, car l'expérience a montré que dans tous les pays, les grandes sociétés, fières de leur richesse et du nombre de leurs adhérents, n'éprouvent pas le besoin de se solidariser avec les petites; elles préfèrent marcher seules. Il y avait à cette époque à Paris plusieurs grandes sociétés, dont une au Faubourg Saint-Antoine, *la Moissonneuse*, comptait 14.000 membres, ce qui était à cette époque un chiffre imposant. A vrai dire, son refus hautain d'adhérer à l'Union fut plutôt une heureuse chance pour celle-ci, car *la Moissonneuse* devait finir bien mal : au bout de quelques années elle fut mise en faillite. Elle avait donné un lamentable exemple — rare heureusement dans le mouvement coopératif, mais qui n'est pourtant pas unique — d'administrateurs véreux qui touchaient des pots de vin ; et le pire c'est que la chose se faisait au vu et au su des sociétaires, à telles enseignes qu'on avait soin de remplacer chaque année les administrateurs, afin que ce ne fussent pas toujours les mêmes à s'asseoir à table. Il est facile de comprendre qu'une coopérative qui tolère de telles habitudes ne consentira jamais à se fédérer. Mais même chez celles qui sont les plus honorables, il y a résistance à se fédérer, comme aussi à s'amalgamer avec d'autres quand on veut faire une société de concentration.

Il y eut pourtant quelques grandes sociétés de Paris ou de la banlieue qui adhérèrent et furent représentées au Conseil Central par de fidèles coopérateurs, aujourd'hui disparus ou retirés, mais que je veux nommer, parce que durant bien des années j'ai entretenu avec eux les plus cordiales relations.

C'étaient la *Société du XVIIIe Arrondissement*, dans le quartier populeux de la Villette, représentée par Fitsch; puis la *Revendication* de Puteaux, derrière le Bois de Boulogne, représentée par Delorme et Tutin, et qui avait ceci d'intéressant d'avoir été fondée par un socialiste dont j'ai déjà parlé, Benoît Malon; elle était composée d'employés de la grande manufacture d'armes de Puteaux, établissement de l'Etat, et leur mentalité était plus disciplinée que celle des ouvriers d'usines capitalistes.

Parmi les sociétés de province, il faut citer celle de Saint-Remy-sur-Avre (département de l'Eure), représentée par Legrand. Celle-ci n'est rien moins que socialiste ; c'est une société d'agriculteurs, la seule en France, et peut-être au monde, qui distribue tous les ans, bon an mal an, qu'il neige ou qu'il vente, 15 % de ristourne à ses adhérents ; elle les a distribués même pendant la guerre ; c'est près du sixième du prix de vente. Il faut d'ailleurs ajouter que, distribuant tout ce qu'elle gagne à ses membres, cette société se désintéresse absolument de tout programme d'émancipation sociale.

Il y avait aussi, comme adhérente, la Fédération des sociétés coopératives des employés de la Compagnie des chemins de fer de Paris-Lyon-Méditerranée. Cette Fédération était, elle aussi, plutôt conservatrice — non seulement par les opinions de son président, mon collègue depuis 30 ans, Chiousse, toujours plein d'ardeur — mais aussi parce que ces sociétés d'employés de chemins de fer sont nécessairement sous le patronage de la grande Compagnie et sont obligés d'avoir de bons rapports avec les chefs; au reste, nous aurons à parler plus tard de cette Fédération.

Par suite de l'abstention des coopératives socialistes parisiennes, *l'Union*, quoique siégeant à Paris, n'en avait pas moins une physionomie provinciale; et, comme couleur, celle des membres du Conseil Central était beaucoup plus grise que celle de l'Ecole de Nîmes.

Nous nous réunissions dans un petit local de la rue Christine ; c'était une étroite salle qui n'était pas plus belle que celle qu'avaient dû occuper à leurs débuts les Pionniers de Rochdale, dans la ruelle du Crapaud. Elle était toujours sombre, donnant sur une cour, et du reste aurait-elle pris jour sur la triste rue Christine qu'elle n'eût pas été plus gaie, le soleil n'y pénétrant jamais ; l'hiver, on allumait un petit feu de charbon. Au reste, il n'était pas besoin qu'elle fût grande, parce que le nombre des délégués était petit, même bien inférieur à celui des 28 de Rochdale.

Et si les membres présents étaient rares ce n'est pas seulement à cause du petit nombre des sociétés adhérentes, une centaine, mais c'est surtout que le Comité n'avait pas d'argent pour payer aux délégués des jetons de présence, ni moins encore des indemnités de déplacement, comme on le fait aujourd'hui. Il en résultait que seuls étaient présents les délégués des sociétés à proximité de Paris.

C'est un souvenir un peu mélancolique que celui des après-midi dominicales passées là, pendant une quinzaine d'années. C'étaient de longues séances et cependant on n'y traitait aucun problème passionnant; il n'y avait pas de grands événements. Les heures se passaient à discuter de petites questions pratiques, telles que le paiement de la patente que le gouvernement voulait imposer aux sociétés, et contre laquelle les sociétés se défendaient de leur mieux. Plus tard, les discussions furent animées par les querelles avec la Bourse, dont je parlerai tout à l'heure. Un banquet bien modeste réunissait une fois par an les quelques fidèles.

Et cependant, même dans ce petit milieu, il y avait encore des brigues pour se disputer les pauvres honneurs de la présidence ou du secrétariat ! Mais il ne vaut pas la peine de les raconter (1).

Un jour vint pourtant où une aurore apparut dans cette chambre grise, et cela de la façon la plus inattendue, par l'arrivée, l'invasion presque, pourrait-on dire, de jeunes néophytes. Voici comment.

J'ai dit tout à l'heure que par suite du manque de fonds il était impossible à la plupart des membres de province d'assister aux séances mensuelles; on leur permit donc de s'y faire remplacer; et on prit l'habitude de faire appel, pour ces suppléances, à des étudiants, à ceux d'entr'eux qui s'intéressaient aux questions coopératives et qui généralement y avaient été attirés en suivant mon cours à l'Ecole de Droit. Les uns sont morts, les autres ont pris d'autres voies; mais il en est

(1) On trouvera dans l'histoire de Gaumont, des renseignements assez circonstanciés sur la vie intérieure du Conseil Central et sur la succession de ses présidents et de ses secrétaires. Tome II, pp. 153-218.

encore qui, quoique vieillissant, sont restés fidèles à la Coopération. C'était Daudé-Bancel; je l'avais connu étudiant en pharmacie à Montpellier, alors d'opinion très anarchiste, mais des anarchistes aux coopératistes il y a moins de distance qu'on ne pense. Il devint secrétaire du Conseil Central et il devait mettre au service du mouvement coopératif, pendant près de 30 ans, une activité infatigable et qui d'ailleurs n'a pas faibli à ce jour. C'était Alfred Nast qui est devenu le conseiller législatif du mouvement coopératif et qui rédigea les projets de loi — ainsi que plus tard Ramadier, mais celui-ci n'était pas de l'équipe de la rue de Christine. C'était Hayem, qui fonda en 1900 le restaurant coopératif des étudiants dont la courte vie ne dura que trois ans, et plus tristement encore a fini son jeune fondateur, tué à la guerre. C'était Georges Alfassa, aussi tué à la guerre. C'était Bernard Lavergne, celui-ci heureusement bien vivant et aujourd'hui professeur à l'Université de Lille, qui a déjà publié de gros volumes sur les sociétés coopératives et qui, à son titre de théoricien de la Coopération, joint celui plus rare d'être de Nimes, tout comme les trois fondateurs. C'était Barrault, qui plus tard a quitté la coopération pour entrer dans les affaires, et d'autres encore.

Un autre, Georges Benoit-Lévy, l'apôtre des cités-jardins, devrait figurer dans cette énumération; mais je n'ai pas souvenance qu'il ait assisté à nos séances.

Mais nous y vîmes le fondateur des Universités populaires, Deherme, qui exerça même, mais pendant peu de temps, les fonctions de secrétaire.

Grâce à ce recrutement, le Comité Central changea un peu de caractère. Ces jeunes gens, s'ils avaient la foi coopérative, n'étaient pas néanmoins des coopérateurs pratiquants. Ils ne pouvaient pas l'être, puisque c'était des célibataires prenant leurs repas au restaurant; il n'y a que les ménages qui aient intérêt à faire partie de sociétés coopératives. Ils n'étaient donc que des coopérateurs intellectuels, propagandistes sans doute, plus que les autres membres, mais par la parole ou par la plume.

Ainsi ce comité, au lieu de répondre à son but, c'est-à-dire de devenir une sorte de petit parlement du mouvement coopératif, devint une petite Académie, une espèce de séminaire, comme on dit en Allemagne, où les jeunes venaient s'instruire sur la coopération et qui, à ce point de vue, a certainement rendu des services et a marqué dans le mouvement coopératif une empreinte qui dure encore aujourd'hui.

Pour compléter ce tableau, je dirai un mot de la misère financière de l'Union. Au taux de 10 centimes par membre, alors qu'il n'y avait guère plus de 10.000 cotisants, on pouvait réunir un ou deux milliers de francs; jamais avec ce misérable budget on n'aurait pu même payer le minime loyer de la rue Christine. Mais une bonne fée vint à son aide, sous la figure moins gracieuse d'un fouriériste, nommé Moigneu, qui, comme d'autres fouriéristes, était allé en Amérique pour créer un phalanstère et qui avait fini par s'établir comme confiseur à San-Francisco où il avait fait fortune. A défaut de phalanstères, sa générosité se rabattit sur les coopératives; à sa rentrée en France, il donna aux associations de production une somme considérable, 500.000 francs, et à notre Comité Central une somme beaucoup plus modeste, mais qui fut très apprécié, de 20.000 francs. Cela était bien dû à l'Ecole de Nimes puisqu'elle était un peu fille de Fourier (1).

Et voyez quels peuvent être les résultats d'un don même minime ! Il est très possible que l'Union eût fini faute d'argent et je crois pouvoir dire qu'en ce cas la destinée de la Coopération en France eût été notablement modifiée. Mais cette dot permit à l'Union de vivre; non seulement de vivre matériellement, mais de déployer aussi une certaine activité intellectuelle qui justifia ce titre d'Académie que je donnais tout à l'heure au Comité Central. Elle publia un petit journal; elle édita des almanachs qui parurent régulièrement chaque année pendant 13 ans et qui ne manquent pas d'intérêt pour l'histoire de la coopération. Elle organisa chaque année des Congrès. Le Comité Central ne laissa pas que d'acquérir un certain prestige parmi les coopératives de l'étranger. Anglais, Belges, Russes, Italiens, Suisses, entretenaient avec lui des rapports très sym-

---

(1) Je veux citer quelques chiffres du pauvre budget de l'Union de la rue Christine pour montrer qu'on peut faire beaucoup avec peu d'argent mais beaucoup de bonne volonté.

Le chiffre des cotisations s'est élevé péniblement de 3.100 fr. au début à 6.643 fr. en 1911.

Mais le chiffre des dépenses (traitement du personnel 3.000 fr. environ, déficit sur le journal 2.000 fr., déficit sur l'almanach 1.000 fr., congrès, correspondance, chauffage, etc., 1.500 fr.) laissait un déficit qui de 2.000 fr. au début, s'abaisse à la fin à 6 ou 700 fr.

Heureusement il n'y avait pas de loyer à payer, la Société Franklin nous donnant généreusement l'hospitalité.

Ces déficits accumulés furent couverts par le legs Moigneu.

pathiques et très suivis, mais plutôt dus à la personnalité de ses leaders qu'à ses effectifs.

Car quoique les fondateurs de l'Ecole de Nimes fussent restés dans les coulisses et ne siégeassent pas au Comité Central — je n'y ai pris place effective qu'en 1898 quand j'ai été nommé à Paris — quoique de Boyve n'y ait fait que de rares apparitions et Fabre aucune, qu'il m'en souvienne — cependant ils ne restaient pas oisifs, tant s'en faut. En outre de la rédaction de l'*Emancipation,* c'est de Boyve qui avait la charge d'organiser les Congrès et qui y apportait une conscience à faire honte à tous les organisateurs de Congrès. C'est lui, avec mon assistance, qui rédigeait les Almanachs annuels, et non pas avec des articles pris au hasard, mais selon un plan parfaitement méthodique et auquel ses collaborateurs devaient se conformer. Chaque almanach forme un tout et ils sont tous différents. Ceux qui font aujourd'hui des almanachs trouveraient beaucoup à prendre dans la série de Nimes, mais ils sont devenus introuvables.

Je ne dois pas oublier les sympathies que le Comité Central, ou du moins l'Ecole de Nimes, trouva dans l'enseignement secondaire (beaucoup moins dans l'enseignement supérieur). Un certain nombre de professeurs de lycées lui prêtèrent une collaboration active en fondant des coopératives ou en participant à leur direction. Entre tous il convient de citer le professeur Cernesson, alors à Sens, aujourd'hui à Lons-le-Saulnier, qui non seulement a écrit l'*Histoire de la Coopération anglaise*, que j'ai déjà citée dans le cours sur la Coopération en Angleterre, et des articles dans la grande *Revue des Deux-Mondes,* mais qui a présidé longtemps la coopérative de Sens et prononcé le discours d'usage au Congrès de Paris 1891.

Mais nous n'avons parlé jusqu'à présent que du Comité Central : *l'Union* n'avait-elle pas un autre organe ? Si : le Congrès de 1885, dans la charte constitutive qu'il lui avait donnée, l'avait prévue bicéphale, avec une Chambre Consultative et une « Chambre Commerciale », ce qu'on désigne plus communément aujourd'hui sous le nom de Magasin de Gros. Or c'est celui-ci qui est en somme l'organe vital de la coopération : en Angleterre c'est par là que l'organisation du mouvement coopératif a commencé; le Comité de direction morale n'est venu que cinq ans plus tard. En France ce fut l'inverse et ceci marque bien la différence de tempérament des deux nations. Disons même la vérité : aucun des trois fondateurs de l'École de Nîmes ne s'intéressa personnellement à la création et au fonctionnement de la Chambre commerciale, quoiqu'en reconnaissant sa nécessité. Faisant valoir comme excuse leur incompétence, qui n'était que trop réelle, ils cherchèrent des collaborateurs pour faire la cuisine; mais ils n'en trouvèrent pas facilement, car celle-ci exige des qualités, non seulement techniques mais morales, de premier ordre.

Aussi est-ce une triste histoire que celle du Magasin de Gros de l'École de Nîmes. Je ne m'y arrêterai pas, non parce qu'elle n'est pas glorieuse, mais parce que je ne l'ai suivie que d'assez loin. Je renvoie ceux qui voudront plus de détails au livre de M. Gaumont (T. II, p. 496-508). Je dirai toutefois qu'il y a eu plusieurs essais malheureux. Le premier magasin, fondé dès 1887, mourut huit ans après. En 1901, il fut repris sous le nom plus modeste d'Office Central d'achats, ce qui veut dire que, n'ayant pas de capitaux, il se bornait à grouper et à exécuter les commandes des sociétés, comme font les syndicats. Mais il aurait probablement fini comme son prédécesseur s'il n'avait été absorbé, en 1912, par l'Union des deux organisations rivales, dont nous parlerons dans la prochaine leçon.

Le Magasin de Gros créé par l'organisation socialiste en 1905 avait beaucoup mieux réussi : je n'ai jamais hésité à faire cet aveu humiliant. C'est qu'il a trouvé auprès des coopératives socialistes plus de fidélité dans les achats et a eu moins à souffrir de misérables querelles dans son propre sein.

Cependant il est assez piquant de constater, d'après les déclarations mêmes de son directeur actuel, M. Cleuet, que le Magasin de Gros actuel tend aujourd'hui à substituer à son rôle primitif de marchand de gros celui de commissionnaire des sociétés, en cherchant à obtenir pour elles les meilleures conditions d'achat. Or par là il revient inconsciemment au système inauguré par le Magasin de Gros de l'ancienne Union.

§ 2. — Le divorce de l'École de Nîmes d'avec l'Économie politique classique.

Dès que l'École de Nîmes est entrée en scène, elle s'est trouvée dans la situation que voici :

D'un côté c'étaient les Économistes qui lui faisaient bon

visage et étaient disposés à l'adopter comme un des moyens de réforme conformes au libéralisme économique.

De l'autre côté, étaient les socialistes qui la reniaient et disaient que son programme réformiste et bourgeois ne pouvait mener à rien.

Que devait-elle faire ? Sans doute aller vers ceux qui lui tendaient la main et rompre avec ceux qui la désavouaient ? Il semble que c'était la seule ligne politique à suivre.

Eh bien ! ce qu'il y a d'intéressant dans cette histoire c'est que l'Ecole de Nîmes a fait l'inverse. Elle a repoussé la main que lui tendaient les Economistes et elle a tendu la sienne aux socialistes en cherchant à rétablir le contact, non pas, il est vrai, avec l'école marxiste mais avec l'école du vieux socialisme français.

Elle s'est refusée à faire de la coopération, comme l'enseignaient les Economistes, un barrage contre le socialisme, un paratonnerre contre la révolution, un moyen de rassurer la classe propriétaire en lui montrant que la coopération avait pour but de transformer les ouvriers, ou du moins une élite des ouvriers, en capitalistes, en épargnants, en propriétaires.

Elle s'y est refusée; mais pour quelles raisons, et de quelle façon, a-t-elle fait ainsi ce choix périlleux, en somme, pour son avenir ?

S'il n'y avait eu que de Boyve, dont je vous ai parlé dans la première leçon et auquel nous allons revenir maintenant, il est probable que l'Ecole de Nîmes aurait accepté le patronage des Economistes.

De Boyve n'était ni un théoricien, ni un écrivain, ni un orateur ; c'était un homme d'action, un organisateur, et, plus qu'un philanthrope, un chrétien.

Dans la première conférence qu'il ait faite, le 15 octobre 1883, c'est-à-dire tout à fait au début de l'Ecole de Nîmes, il indiquait quel devait être le programme de la Coopération :

« La Coopération veut, autant que possible, faire disparaître les maux, les injustices de ce monde, aider ceux qui ont un fardeau trop lourd à porter, rendre libres ceux qui sont opprimés, briser toutes les chaînes. Elle veut la liberté. Elle veut combattre le vice sous toutes ses formes, augmenter l'intelligence, donner des habitudes d'économie, arriver à la diminution du paupérisme.

« La Coopération est du socialisme intelligent et pratique, et en donnant à l'ouvrier le moyen de sortir de sa situation précaire, elle résoud en partie la grande question sociale : les rapports du capital avec le travail. Le système coopératif n'a rien de commun avec le communisme qui est répudié par tout coopérateur. »

« Le coopérateur sait que tout système qui aurait pour but l'abolition de la propriété privée ferait fuir le capital et supprimerait la source de l'activité, de la richesse, sous toutes ses formes.

« Les coopérateurs n'en veulent pas au capital, car ils comprennent que tant qu'il y aura de si grandes différences dans l'intelligence des hommes, dans leurs moyens, dans leur activité, dans leurs habitudes d'ordre et d'économie, il y aura par cela même des inégalités dans la distribution des richesses. Ils trouvent seulement que l'accès de ces richesses doit être rendu plus facile et la coopération, sous ses différentes formes, leur paraît le moyen le plus pratique d'y arriver... »

On pourrait résumer le programme de Boyve par cette formule que je l'ai entendu répéter bien souvent : non la révolution mais l'évolution.

Eh bien, ce programme là ne rompait pas du tout avec celui des Economistes tel que je l'ai exposé tout à l'heure. Malgré le mot de socialisme répété avec insistance, malgré un souffle de fraternité chrétienne assez étranger au principe hédonistique de l'école classique, il pouvait très bien être accepté par les économistes classiques.

Procurer à l'ouvrier le moyen d'améliorer sa situation, de s'élever à la condition de petit capitaliste, faciliter l'épargne, guérir le paupérisme, combattre le communisme et la Révolution — tout cela c'est bien la voie dans laquelle les Economistes voulaient voir s'engager la coopération.

Le rôle d'E. de Boyve dans le mouvement coopératif n'a pas été d'introduire un programme nouveau. Il n'en sentait pas le besoin; le programme coopératif avec sa devise : « chacun pour tous, tous pour chacun » lui paraissait suffisant. Ce à quoi il attachait la plus grande importance, et qu'il a développé maintes fois dans ses articles et petits discours, c'était l'éducation : changer les cœurs, comme dit l'Evangile, faire des hommes nouveaux. Il pensait que si la classe riche et si la classe ouvrière y mettaient chacune un peu de bonne volonté, sous l'influence précisément de cette éducation coopérative, la question sociale serait résolue d'elle-même.

Mais l'autre apôtre de l'Ecole de Nîmes, Auguste Fabre, n'avait pas du tout les mêmes sentiments ; quoiqu'il fut protestant aussi, il était libre-penseur, si toutefois un libre-penseur peut devenir spirite. En tout cas il était déterministe dans le sens des socialistes, de ses maîtres Fourier et Owen, c'est-à-dire qu'il pensait, à la différence d'E. de Boyve, que ce ne sont pas les cœurs qu'il faut changer mais les milieux sociaux. L'homme, disent-ils, n'est, par sa nature, ni bon ni mauvais ; il est ce que le font les circonstances, les facteurs sociaux. Par conséquent, il ne suffit pas de faire l'éducation des hommes, ni d'attendre cette « nouvelle naissance » dont parle l'Evangile, si on ne transforme pas le milieu économique et social.

Ce n'est point à dire que Fabre fut révolutionnaire; il ne l'était pas plus que de Boyve, mais il attendait de la coopération autre chose qu'une amélioration des caractères et qu'une éducation des bonnes volontés. Il en attendait la formation d'un milieu social et économique nouveau, très différent du milieu actuel, sinon par l'abolition de la propriété individuelle, du moins par celle de la suprématie du capital et du patronat.

Fabre aurait donc orienté l'Ecole de Nîmes plutôt dans le sens socialiste, non du nouveau socialisme marxiste mais du vieux socialisme français. Mais, à lui, comme à presque tous les socialistes, la coopération ne paraissait pas pouvoir se suffire à elle-même.

Aussi se désintéressa-t-il bientôt du mouvement coopératif; certes il lui garda toujours ses sympathies. Jusqu'à la fin de sa vie, qui fut très longue, puisqu'il n'est mort qu'il y a trois ans, deux ans avant de Boyve dont il était l'aîné de deux ans, il resta une autorité dans le mouvement coopératif, une grande figure de l'Ecole de Nîmes ; mais, ni par la plume, ni par la parole, il n'y prit plus une part active. Il dédaignait les congrès, les discours, les discussions, les journaux, et il pensait, non sans raison d'ailleurs, qu'avec tout cela on fait d'assez pauvre besogne.

D'ailleurs, j'ai dit qu'il se convertit au spiritisme et déjà assez misanthrope de nature, à la fin de sa vie il n'eût plus guère d'entretiens qu'avec les morts.

Mais déjà, moins d'un an après la naissance de l'Ecole de Nîmes, de Boyve avait trouvé un autre collaborateur qui devait faire campagne avec lui, pendant près d'un demi-siècle, et dont il me serait plus difficile de faire le portrait, car c'est celui-là même qui a l'honneur de vous parler ici.

C'était à ce moment là un jeune professeur d'Economie Politique à la Faculté de Droit de Montpellier. Il n'avait pas pris part aux premiers actes de l'Ecole de Nimes, dont j'ai parlé dans la première leçon : il n'avait pas assisté à ce Congrès de Paris de 1885, mais dès cette même année il écrivit à de Boyve pour lui offrir ses services.

Ce n'est point qu'il eût déjà aucune attache avec le mouvement coopératif. Tout ce qu'il connaissait de la Coopération se bornait à une conférence qu'il avait donnée quatre ou cinq ans auparavant sur les Pionniers de Rochdale.

Mais, il avait déjà rompu avec l'Economie politique classique par la publication, en 1884, d'un traité d'Economie Politique dont la fortune a dépassé toutes prévisions, surtout celle de l'auteur, et qui ne peut s'expliquer que parce que ce livre avait la chance de venir à l'heure attendue.

Dans ce livre se trouvaient exposées des doctrines assez hérétiques sur la propriété foncière, sur le régime du salariat. sur la concurrence, sur la faillite du laisser faire, sur le rôle de l'Etat, qui avaient fait scandale auprès des économistes classiques. En adhérant à l'Ecole de Nimes, par sa seule présence, l'auteur la compromettait donc auprès des économistes.

Son offre de services fut néanmoins acceptée, et d'autant plus volontiers que le moment était venu de publier le journal dont le Congrès de Paris avait décidé la création pour en faire l'organe de l'Ecole de Nimes ; or les rédacteurs n'étaient pas très nombreux ; la collaboration d'un professeur d'Economie politique fût donc la bienvenue. Elle commença dès le premier numéro, et même avant, car j'eûs à choisir le nom du journal, et depuis quarante ans passés elle ne s'est jamais interrompue Cet article inaugural devait être le premier d'une série dont le nombre doit aujourd'hui dépasser le chiffre de 600. Néanmoins je ne le lirai pas, mais j'en citerai le titre parce qu'il était déjà assez indicatif de la voie qu'allait suivre l'Ecole de Nimes : « Ni révoltés, ni satisfaits. »

Ni révoltés, c'est-à-dire que les coopérateurs ne prétendaient pas livrer bataille aux classes possédantes; ils ne voulaient pas de la lutte de classes; ils ne voulaient pas exproprier le capital existant.

Mais ni satisfaits, c'est-à-dire qu'à la différence des économistes qui enseignaient qu'il ne restait plus, à l'heure actuelle, d'injustices graves à abolir dans l'ordre économique, hormis le protectionnisme — ou du moins aucune injustice qui ne put se guérir par le libre jeu des lois économiques — les coopérateurs devaient créer un ordre supérieur qui ne serait pas le résultat spontané de lois naturelles et, comme telles, amorales, mais le résultat d'efforts coordonnés et inlassables vers un idéal qu'il fallait montrer au peuple.

L'année suivante, le même professeur fut chargé de faire le discours d'ouverture du 2e Congrès.

Vous savez que le Congrès de Paris, en organisant l'Union Coopérative sur le modèle des institutions anglaises, avait notamment adopté la règle des congrès annuels.

Le premier Congrès de 1885, dont nous avons parlé, avait eu lieu à Paris. Celui de 1886 eut lieu à Lyon qui par ses traditions coopératives dont j'ai parlé, avait en effet, tout droit à cet honneur.

Ce discours devait naturellement exposer le programme de l'Ecole de Nimes. Il s'agissait donc d'indiquer les caractères qui devaient donner à la coopération une physionomie propre en la dégageant du rôle dépendant et humiliant que voulaient lui faire jouer les économistes aussi bien que les collectivistes, chacun des deux partis cherchant à l'utiliser pour ses propres fins; les premiers pour accroître le nombre et la solidité de la petite bourgeoisie; les seconds pour fortifier l'action politique et syndicale du parti ouvrier.

C'est pourquoi, tout en critiquant et même en attaquant assez vivement le programme collectiviste marxiste, tout en essayant de démontrer l'erreur de la loi d'airain au point de vue du mouvement coopératif, tout en opposant le programme coopératif à celui du syndicalisme qui débutait à peine à cette date, je terminai par ces mots :

« Je vous ai montré un but immédiat et présent : éducation économique de la classe ouvrière par l'association coopérative; et un but plus éloigné : l'émancipation de la classe ouvrière par la transformation du salariat. »

Ces derniers mots provoquèrent de vives protestations de la part des économistes. Celui qui à ce moment était leur chef et même enseignait ici au Collège de France, Paul Leroy-Beaulieu, dit qu'il était fâcheux de voir un professeur de l'Université donner pour but au mouvement coopératif l'abolition ou seulement la transformation du salariat. Il répondit dans son journal l'*Economiste français* :

« Le salaire est la forme par excellence du contrat. Sa suppression ne nous paraît ni pratiquable, ni désirable. Il y a certains points fixes dont l'humanité ne s'écartera pas. »

Je dois reconnaître moi-même qu'aujourd'hui je n'emploierais plus la même formule — mais une équivalente, en remplaçant « abolition du salariat » par « abolition du profit ». Toutefois je ferai remarquer que neuf ans plus tard, en 1895, lors de la constitution de la C. G. T., dans l'article premier de son programme fut inscrite une formule identique à celle-ci : « l'objet de la C. G. T. c'est l'abolition du patronat et du salariat. »

Trois ans après, au Congrès de 1889 qui eut lieu à Paris à l'occasion du centenaire de la Révolution Française, je fus chargé à nouveau de faire le discours et je précisai de nouveau le programme coopératif en ces termes :

« Il faut faire un plan de campagne; ou plutôt, il n'y a pas à le faire, il est tout fait.

« Il comprend trois étapes successives :

« 1° grouper entre elles les sociétés ; prélever sur leurs bénéfices la plus grosse part possible pour fonder de grands magasins de gros et opérer les achats sur une grande échelle;

« 2° avec les capitaux ainsi constitués se mettre à l'œuvre pour produire directement tout ce qui est nécessaire aux besoins des sociétaires en créant : boulangerie, menuiserie, manufacture de draps, vêtements confectionnés, fabrique de chaussures, chapeaux, biscuits, papier. Voilà la seconde étape.

« 3° enfin, dans un avenir plus ou moins éloigné, acquérir des domaines, des fermes, produire directement sur ces terres le blé, le vin, l'huile, la viande, le lait, le beurre, les volailles, les légumes, les fruits, les fleurs, qui constituent la base de la consommation. Voilà la dernière étape.

« Pour tout résumer en trois mots :

« dans une première étape victorieuse, faire la conquête de l'industrie commerciale ;

« dans une seconde, faire la conquête de l'industrie manufacturière ;

« dans une troisième enfin, celle de l'industrie agricole.

« Tel doit être le programme de la Coopération. »

L'effet de cette nouvelle déclaration, appuyée par celles des autres membres de l'Ecole de Nimes, fut de rendre définitive l'exclusive prononcée par l'école économique libérale, sinon contre la coopération en général, du moins contre celle patronée par l'Ecole de Nimes (1). Toutefois on cessa de l'attaquer, mais la consigne fut de l'ignorer.

Dès lors, soit dans le *Journal des Economistes* — la doyenne de toutes les revues d'Economie Politique du monde entier, qui est encore aujourd'hui sous la direction de M. Yves Guyot; soit dans l'*Economiste Français*, le journal fondé par Paul Leroy-Beaulieu, aujourd'hui dirigé par M. Liesse, les manifestes de l'Ecole de Nimes et les noms de ses leaders furent rayés d'office quand par hasard un collaborateur non averti les citait.

Je dois signaler cependant une exception.

Un économiste de l'Ecole libérale, Ernest Brelay, vraiment libéral dans toute la force du terme et qui lors de la Révolution de 1848 était monté sur les barricades, ou tout au moins était descendu dans la rue, depuis lors devenu riche industriel, tout en faisant campagne contre l'Ecole de Nimes, ne craignait pas d'en parler souvent avec une certaine sympathie. C'est même lui qui la baptisa de ce nom Ecole de Nimes, pour la ridiculiser, il est vrai, en lui donnant figure de provinciale, mais ce nom elle l'accepta et elle l'a arboré depuis lors comme une cocarde à son chapeau. Et quoique Brelay trouvât que sa filleule avait mal tourné, il montra une certaine indulgence pour ses écarts.

C'était un voltairien, quoique protestant de naissance, qui raillait les dispositions bienveillantes et évangéliques de M. de Boyve. Il comparait les réformateurs de l'Ecole de Nimes à des pompiers qui pensent éteindre un incendie en mettant du pétrole dans leur pompe.

Néanmoins ses critiques furent toujours bienveillantes et

(1) M. Léon Say dans son *Rapport Général sur l'Economie Sociale* à l'Exposition de 1900, après avoir rappelé le programme que nous venons de résumer, ajoutait : « Ce plan de campagne ne se réalisera probablement jamais. La poursuite absolue de la disparition de tout intermédiaire ne serait autre chose que l'abolition du commerce, et le commerce n'est qu'une des formes de la division du travail ».

sur certains points, nous en fîmes notre profit. Notre journal *l'Emancipation* donna volontiers l'hospitalité à quelques-uns de ses articles. Et j'ai tenu à rendre hommage à sa mémoire.

Ainsi la scission avec l'Economie libérale fut à peu près complète.

Et du côté des socialistes, que se passa-t-il ? Ceci demande un chapitre spécial.

CHAPITRE IV.

LE SCHISME

§ 1. — La querelle entre l'Ecole de Nimes et la Coopération socialiste.

La rupture entre l'Ecole de Nimes et l'Economie politique classique aurait dû avoir pour contre-coup, semble-t-il, la réconciliation de la Coopération avec le Socialisme. Mais il n'en fût rien et les relations, d'abord assez froides, s'envenimèrent peu à peu jusqu'au schisme, par la création d'une Fédération coopérative socialiste opposée à la Fédération issue de l'Ecole de Nimes.

Cette opposition s'explique tout naturellement et par bien des motifs.

D'abord il était assez naturel que les socialistes marxistes ou communistes fissent la guerre à l'Ecole de Nimes puisque, à vrai dire, c'était celle-ci qui avait ouvert le feu. Ses leaders n'avaient cessé de déclarer qu'ils désavouaient le programme collectiviste. Dans son histoire de la Coopération, Gaumont le leur reproche comme « une faute véritable qui a pesé sur le mouvement coopératif en France durant vingt années et a été à l'origine du malentendu formidable qui a mis aux prises collectivistes et coopérateurs et entretenu une atmosphère de défiance et d'hostilité entre des formes d'action qui, pour demeurer autonomes et libres dans leur pensée et dans leurs gestes, n'ont nullement besoin de se défier et de s'opposer. » (1). Pourtant n'est-ce pas cette opposition, affirmée et

(1) *Histoire de la Coopération*, Tome II, p. 127.

motivée, qui a valu à la Coopération précisément cette autonomie qui devait devenir le principe de la Fédération Nationale française, et même qui devait être plus tard légitimée par le Congrès socialiste International de Copenhague en 1910 ? (1)

D'ailleurs, les marxistes n'ont jamais voulu de la coopération, sinon pour la mettre au service du parti collectiviste. Les coopératives du Nord de la France, qui étaient alors les plus vivantes du mouvement coopératif, étaient sous l'influence de Jules Guesde, qui a été en France le premier apôtre du marxisme. Et chaque fois qu'un projet d'union avec le Comité Central était proposé, les coopératives du Nord et Jules Guesde s'y refusaient absolument.

Elles faisaient valoir de médiocres arguments qui sont aujourd'hui abandonnés mais qui alors faisaient beaucoup d'effet : notamment celui de la loi d'airain.

Jules Guesde déclarait dogmatiquement : « Nul n'ignore — ou n'a le droit d'ignorer — que la rémunération du travail, en régime de salariat, est régie par le prix des subsistances. A la vie chère correspondent les salaires élevés : de même la vie à bon marché engendre les bas salaires. Et si elles étaient jamais étendues à toute la classe ouvrière, les coopératives de consommation, en permettant la vie ouvrière au rabais, obligeraient les employeurs, sous l'empire de la concurrence, à réduire le prix du travail ».

L'expérience de tous les pays coopératisés a démenti ces sinistres prophéties. Sans doute le taux des salaires est en fonction des prix — comme on le voit terriblement à l'heure actuelle — mais il n'est pas très exact de dire que les coopératives de consommation abaissent les prix : en fait elles les les laissent tels quels, et ne font que rembourser par la ristourne, les prélèvements abusifs exercés sur les acheteurs.

Aussi faibles étaient les autres arguments — tels que ceux tirés de la concurrence que feraient aux ouvriers les petits commerçants expropriés; — ou le drainage des capacités de la classe ouvrière par le recrutement des administrateurs des coopératives.

Après tout, Guesde concluait: « ce n'est point à dire qu'exceptionnellement les coopératives de consommation ne puissent

(1) Voir dans le cours sur *La Coopération à l'étranger*, cité ci-dessus, les délibérations et votes de ce Congrès, pp. 134-136.

rendre des services aux travailleurs, comme en Belgique ». En somme, sa conclusion c'est que les coopératives sont bonnes quand elles sont entre les mains des socialistes, mauvaises entre celles des bourgeois.

On aurait pu penser que puisqu'ils méprisaient la coopération, les marxistes se contenteraient de l'ignorer et de dissuader leurs partisans d'entrer dans les sociétés de consommation. C'est ce qu'ils firent d'abord, mais bientôt ils furent obligés de reconnaître que les coopératives de consommation exerçaient une certaine attraction sur la classe ouvrière et pouvaient devenir un puissant facteur dans le mouvement. Alors leur tactique changea : le mot d'ordre ne fut plus précisément de combattre la coopération mais de créer un mouvement coopératif en dehors de l'Ecole de Nimes, et même de formuler un programme opposé à celui de cette école qui n'avait, disaient-ils, qu'un faux nez socialiste mais en réalite était « petit bourgeois » (1).

Au reste, ce qui a provoqué le schisme ce ne furent pas tant les différences de doctrines que d'autres de bien plus petite envergure mais beaucoup plus tenaces; on peut presque dire des questions de personnes.

Les trois fondateurs de l'Ecole de Nimes étaient tous trois des bourgeois — et, qui plus est, bourgeois protestants, c'est-à-dire d'une religion qui est réputée comme ultra individualiste, sinon même capitaliste. Il est vrai que l'on pouvait dire que l'un de ces trois était un bourgeois n'aspirant qu'à devenir ouvrier, qu'un autre était un intellectuel, plutôt suspect et tenu à l'écart dans le milieu bourgeois. Néanmoins je n'ai jamais personnellement renié mes origines. Il n'y a pas plus lieu de rougir d'être bourgeois que d'en tirer vanité, et d'ailleurs c'est à des bourgeois que le socialisme moderne doit à peu près tout ce qu'il est.

Cependant je reconnais le point de vérité contenu dans cette appréciation d'une coopérative socialiste (2).

« Les dirigeants du Comité Central sont pour la plupart des bourgeois, à idées libérales, mais bourgeois quand même, et

(1) Dans *Le Socialisme* (journal de Jules Guesde), du 26 juillet 1910.

(2) Ordre du jour voté par le Cercle d'études de *La Prolétarienne* (Montmartre), le 23 janvier 1911.

qui, malgré leurs capacités coopératives, n'ayant jamais vécu la vie ouvrière, ne peuvent en connaître ni les besoins ni l'idéal. »

Soit ! mais ce que nous demandions c'était précisément la collaboration de camarades ouvriers afin qu'ils nous fissent connaître les besoins et les désirs de la classe ouvrière.

Le déplacement du centre dirigeant de Nîmes à Paris, ne fit, contrairement à ce qu'on aurait pu croire, qu'aggraver ce sentiment de défiance. En effet les membres qui constituaient le Comité Central de la rue Christine, s'ils étaient par leurs origines plus près du peuple que les bourgeois de Nîmes, étaient moins avancés que ceux-ci comme programme social.

Son président fut d'abord un archiviste de la Chambre des Députés, M. Clavel; ensuite un chef de bureau de la Compagnie des chemins de fer, M. Fitsch. Quant à ses secrétaires ce fut d'abord un catholique convaincu, Fougerousse, et plus tard M. Charles Robert, protestant tout comme les trois de Nîmes, secrétaire de la Compagnie d'assurances *l'Union,* grande société capitaliste, et qui était en même temps l'apôtre en France de la participation aux bénéfices, institution qui a toujours été très peu sympathique aux socialistes.

Parmi les membres du Comité il n'y en avait que bien peu qui prissent au sérieux le programme d'émancipation sociale de l'Ecole de Nîmes — hormis les jeunes suppléants dont j'ai parlé tout à l'heure. L'un d'eux, très assidu quoique âgé, était un haut magistrat, conseiller à la Cour d'appel de la Seine, M. Landry (père du député ex-ministre). La plupart se contentaient d'être de bons coopérateurs.

Mais il y avait pire ! Parmi les membres du Conseil Central, et les plus assidus, il y avait le représentant des sociétés Coopératives du chemin de fer P.-L.-M. dont j'ai déjà parlé. Or la présence de cet excellent camarade était ce qui irritait le plus les coopérateurs socialistes. Ils auraient encore accepté de collaborer avec des bourgeois, mais les représentants des coopératives de chemins de fer leur apparaissaient comme des « jaunes », c'est-à-dire des serviteurs ou même des complices du capitalisme.

Il est vrai que la Fédération du P. L. M. donnait chaque année, à l'occasion de son Congrès, un banquet où elle invitait les grands chefs de la Compagnie et où naturellement on leur adressait les compliments d'usage — il n'était guère possible de faire autrement — et, en réponse, les directeurs généraux de la Compagnie donnaient des conseils, inspirés par la vieille conception conservatrice de la coopération, celle précisément des économistes les plus bourgeois. C'est ainsi qu'à un de ces dîners, en 1911, à Lyon, le directeur du P. L. M., après avoir dénoncé la Confédération du Travail « dont le but avoué est le destruction de ce qui existe », ajoutait :

« Les coopératives sont et demeureront le rempart contre lequel viendront se briser les efforts des agités et des coupables qui prêchent le chambardement, pour employer leur propre langage, sans savoir d'ailleurs ce qu'ils substitueraient à ce qu'ils veulent détruire. »

Naturellement, quand les coopérateurs socialistes de Paris lisaient cela, ils étaient exaspérés et ils rendaient le Comité Central responsable de ce langage. Et même nous avons été pris personnellement à partie pour avoir accepté de représenter le Comité central à l'une de ces réunions officielles.

Ce grief était mal fondé, car il fallait considérer que ces associations professionnelles ne peuvent se mettre en opposition avec la Compagnie qui leur fournit des moyens de transport spéciaux, des prix réduits sur leurs provisions, parfois des locaux, des avances de fonds, et des avantages de divers ordres. Il faut tenir compte des circonstances.

De vrais coopérateurs auraient dû se refuser, disaient les intransigeants ! Mais alors qu'y aurait-on gagné ? Au lieu de coopératives de consommation, il y aurait eu, comme dans les autres Compagnies de chemins de fer, Orléans, Midi, Etat même, des économats qui sont gérés directement par les Compagnies. Il y avait donc dans le fait, de la part des employés du P. L. M., d'avoir créé des coopératives autonomes, se gouvernant elles-mêmes, une tentative d'indépendance à laquelle il fallait plutôt rendre hommage, d'autant plus que les employés étaient très loin de prendre au sérieux la façon dont leur directeur envisageait le rôle de la coopération. Et ils goûtèrent mieux la vision humoristique que je leur présentai à un de ces banquets officiels, celle de l'exploitation future du réseau le jour où par la Coopération ils en seraient devenus copropriétaires.

Il n'y avait pas seulement, dans l'Union Coopérative, des

sociétés bourgeoises, ne visant que les bonis, il y avait aussi quelques sociétés, en petit nombre, de couleur catholique.

Les socialistes déclarèrent donc ne pouvoir accepter une cohabitation avec des sociétés jaunes ou noires. Et c'est pourquoi, en 1895, ils fondèrent, opposée à l'Union de la rue Christine, une Fédération socialiste, à laquelle on donna le nom, un peu singulier pour des anti-capitalistes, de « Bourse Socialiste », mais sans doute pour l'apparenter aux Bourses du Travail.

Mais cette séparation entre les deux organisations n'amena pas la paix, comme on aurait pu le croire, chacune suivant sa voie. Au contraire, ce fut le point de départ d'une polémique qui devait durer dix-sept ans, de 1895 à 1912, et qui, malgré ses effets déplorables au point de vue du développement coopératif en France, que j'indiquerai tout à l'heure, n'a pas laissé que d'être un chapitre intéressant dans l'histoire du mouvement coopératif; car je ne sache pas que dans aucun pays les thèses de la coopération libre et celle de la coopération socialiste aient été confrontées avec une telle abondance d'arguments; et cette dialectique a certainement enrichi la doctrine coopérative, et même indirectement la doctrine socialiste. Il vaut donc la peine de résumer cette discussion dans ses grandes lignes.

Au fond, qu'est-ce qui séparait ces deux mouvements ?

Nous disions aux socialistes : Avez-vous à proposer un programme coopératif qui soit différent de celui de l'Ecole de Nîmes ? Notre programme avait été exposé à maintes reprises dans des documents que j'ai déjà cités : discours au Congrès de Lyon de 1886 et au Congrès de Paris de 1889, discours de de Boyve au Congrès de Paris de 1900, résumé et critiqué par *Le Temps* — et en 1905 il fut formulé dans une circulaire adressée à toutes les sociétés et dont voici les articles principaux :

Programme de l'Union Coopérative des sociétés françaises de consommation.

La coopération a pour but de remplacer l'état compétitif actuel par un régime de libre association qui agence d'une manière équitable la distribution des richesses. La coopération de consommation ne veut se faire l'organe exclusif ni d'un parti politique, ni d'une église, ni d'une classe sociale, mais de tous ceux qui veulent travailler à la réalisation de l'idéal coopératif, par les moyens suivants :

1° Création de sociétés coopératives en vue de la répartition équitable des objets de consommation;

2° Création d'un capital collectif et impersonnel par le prélèvement sur les bonis avant toute répartition de trop-perçus;

4° Création d'un Magasin de Gros;

5° Organisation d'industries coopératives, au fur et à mesure des besoins des sociétés;

7° Création dans leur sein et autour d'elles d'œuvres sociales (non politiques et non confessionnelles), en réservant toutes leurs ressources pour leur but suprême qui est la transformation de l'échange et de la production par la création de Magasins de gros et d'industries coopératives;

8° Retenue sur les trop-perçus pour l'instruction et l'éducation sociale des coopérateurs;

9° Par l'entente de toutes les Unions coopératives nationales constitution d'une République Coopérative dont l'objectif sera le développement de la personnalité humaine par la justice et la solidarité. »

Quand on demandait aux socialistes : qu'avez-vous à critiquer à ce programme ? ils ne trouvaient rien à répondre, et pendant les dix-sept années de discussions et de querelles, on peut dire que les coopérateurs socialistes, malgré tous leurs efforts, n'ont rien trouvé de neuf, d'original, à y ajouter.

Et même ils ne se sont pas fait faute de s'en servir en le démarquant. C'est ainsi que dans l'Almanach de la Coopération de 1894 j'avais publié *les douze vertus de la Coopération* (pour les douze mois de l'année) qui étaient les suivantes : 1° mieux vivre; — 2° payer comptant; — 3° épargner sans peine; — 4° supprimer les parasites; — 5° combattre les débits de boisson; — 6° gagner les femmes aux questions sociales; — 7° faire l'éducation économique du peuple; — 8° faciliter à tous l'accès de la propriété; — 9° reconstituer la propriété collective; — 10° établir le juste prix; — 11° éliminer le profit; — 12° abolir les conflits.

Or, sous le titre *Bienfaits matériels et moraux* de la Coopération, la Bourse publia un tract énumérant en lettres capitales les bienfaits que voici : 1° diminuer le coût de la vie; — 2° faire économiser; — 3° faire payer comptant; — 4° assurer des secours en cas d'incapacité de travail; — 5° faire augmenter les salaires en soutenant les grèves; — 6° économiser les forces de l'ouvrier par les perfectionnements techniques; — 7° établir des prix raisonnables; — 8° combattre la falsification des denrées; — 9° simplifier la distribution par la suppression des intermédiaires; — 10° supprimer la préoccupation du profit individuel; — 11° créer une propriété commune; — 12° abolir les conflits nationaux et internationaux; — 13° détruire le truck system; — 14° réduire le profit du capital; — 15° finalement pousser les coopérateurs à s'aimer, à s'instruire, gagner les femmes aux questions sociales.

De ces deux programmes qui pourra distinguer le « bourgeois » du « socialiste » ? Sur les 12 points du programme bourgeois 10 sont reproduits, à peu près dans les mêmes termes; deux sont supprimés, et lesquels ? faciliter l'épargne, et combattre les débits de boisson ! Et ceux ajoutés, n°s 4, 5, 6, 13, ne l'ont été que pour lui donner un caractère prolétarien, mais n'ont aucun lien nécessaire avec la coopération.

§ 2. — La question de la neutralité.

Non, les coopérateurs socialistes n'ont rien trouvé à ajouter, mais ils ont trouvé quelque chose à retrancher dans le programme de Nimes : une phrase seulement. C'est celle-ci : « L'Union...... ne veut se faire l'organe exclusif ni d'un parti politique, ni d'une église, ni d'une classe sociale. »

Voilà ! c'était ce qu'on appelle la question de la neutralité, question qui est aussi vivante à l'heure actuelle qu'à l'époque dont je parle.

C'est une question très compliquée. Et d'abord il faudrait s'entendre sur la signification du mot. Personnellement nous n'avons jamais employé ce mot « neutralité ». C'est une expression déplaisante, surtout en France. Cette expression suggère une idée d'impuissance qui semble s'opposer à la virilité et qui, même dans l'ordre politique ou social, est assez mal considérée. Depuis la guerre, notamment, les neutres ne sont pas très sympathiques. Le neutre c'est celui qui se retire de la lutte, qui s'abstient, parce qu'il consulte uniquement son intérêt.

Mais tel n'est pas le conseil, certes, qu'a voulu donner l'Ecole de Nimes, puisqu'au contraire elle a toujours été militante, non seulement dans tout ce qui concerne la question sociale mais même dans les questions de politique internationale, combattant contre la guerre et pour la coopération entre nations aussi bien que contre la lutte de classes et pour la coopération entre individus.

Que signifie donc cette formule ?

Simplement ceci : que la coopération étant faite pour les consommateurs, et tout le monde étant consommateur, la coopérative doit être ouverte à tous, sans distinction de partis, d'églises, de professions, de cocardes. Il faut que sur la porte on puisse lire : Entrée libre ! — tandis, au contraire, que la coopération socialiste, telle que la concevait la Bourse, c'est la coopération fermée, fermée à celui-ci parce qu'il est bourgeois, à celui-là parce qu'il est catholique, à tel autre parce qu'il est monarchiste.

En outre de ces arguments de doctrine pour la porte ouverte, il y en avait d'autres de fait : celui-ci surtout que l'adhésion à un parti politique, ou même à un syndicat, devait avoir nécessairement pour résultat d'exclure de la coopérative tous ceux qui n'appartenaient pas à ce parti ou au syndicat, et par là même de limiter le développement de la Coopération. Tel est le cas pour la Belgique où, malgré son magnifique essor, le mouvement coopératif n'a attiré à lui qu'une fraction assez restreinte de la population — tandis que dans d'autres pays où la coopération est restée ouverte, neutre, si l'on veut, il y a des coopératives qui ont englobé la presque totalité de la population, Bâle par exemple, et bien d'autres (1).

A cela on peut répondre que le nombre n'est pas tout et qu'il faut attacher plus d'importance à la qualité qu'à la quantité. Nous n'y contredisons pas et nous n'avons jamais hésité à reconnaître, même quand nos coopératives étaient en guerre avec celles des socialistes, que chez ces dernières il y avait généralement plus de vie et plus de flamme que dans les sociétés de notre bord. Mais cela ne prouve pas grand'chose pour la vérité de leur thèse, car de tout temps et dans tous les

(1) Cet argument qui à cette date n'avait pas encore grand force, en a pris une beaucoup plus grande aujourd'hui. Dans le Nord de la France aussi, tandis que les vieilles Coopératives de Lille et de Roubaix, fidèles à la tradition guesdiste, ne font guère que végéter, on voit, à côté d'elles, celles de Cambrai et de Douai, ouvertes à tous, qui grandissent rapidement, quoique nées seulement depuis la guerre. M. Gaumont, notamment, a attiré l'attention sur ce fait.

domaines les hommes se sont montrés bien plus passionnés pour l'erreur que pour la vérité.

Ce n'est pas seulement ici une question d'admission ou d'exclusion et, pour ainsi dire, de règlement intérieur : c'est beaucoup plus grave. La question est de savoir si la coopération doit être un instrument destiné uniquement à la libération de la classe ouvrière, une arme contre le capitalisme et la bourgeoisie, ou si elle a pour but le bien de tous les hommes, ouvriers ou bourgeois, pauvres ou riches, en les affranchissant des prélèvements injustes ou inutiles que le régime actuel fait peser sur tous et dont nous sommes tous, à des degrés divers, les victimes.

On ne serait en droit de dire que la coopération doit se limiter à défendre les intérêts de la classe ouvrière qu'autant qu'on aurait démontré que celle-ci est la seule intéressante dans la société. Mais il n'y a aucun pays où la classe ouvrière forme la totalité de la nation et il n'en est même guère où elle soit la majorité. Dira-t-on que tout ce qui en dehors de la classe ouvrière n'est qu'excroissance parasitaire? C'est ce que disent en effet les socialistes, mais c'est un sophisme, engendré lui-même par un autre sophisme, à savoir que toute richesse, toute valeur, n'est que le produit du travail.

C'est pourquoi la coopération a le droit et le devoir de chercher en elle-même sa propre fin et de garder son autonomie.

Cette dernière conception de la coopération c'était celle de Nîmes et déjà, quoiqu'un peu moins nette, celle de Rochdale; l'autre conception c'était celle de la Bourse et elle est devenue, depuis la Révolution bolcheviste, celle de Moscou. Et les deux s'opposent aujourd'hui avec autant de force qu'il y a trente ans.

Les socialistes disent : la classe ouvrière a déjà deux organes pour sa libération. Ce sont : dans l'ordre politique, ce qu'on appelle « le parti »; dans l'ordre professionnel, le syndicat. Il est bon qu'elle ait un troisième organe, pour diminuer le coût de la vie et maintenir au salaire son pouvoir d'achat, ce sera la coopérative de consommation. Et celle-ci servira aussi pour fournir des ressources en vue de soutenir les grèves, les élections, la Révolution même — car tandis que les deux autres mouvements coûtent, celui-ci au contraire a l'avantage de rapporter.

Il faut donc que ces trois organes fonctionnent ensemble au service du prolétariat. Mais quant à cette coopération qui prétend servir également les intérêts des ouvriers et des bourgeois, des prolétaires et des possédants, des parasites et des travailleurs, elle n'est qu'une caricature de la coopération.

Les socialistes donc déclarèrent que l'union entre les deux mouvements serait impossible aussi longtemps que la neutralité serait décrétée.

Il ne faudrait pas croire cependant que toute les coopératives qui se disaient socialistes et prétendaient faire de la coopération une institution de classe, fussent en fait très différentes des sociétés dites neutres. Celles qui auraient voulu appliquer logiquement leurs principes auraient dû prendre pour règle de n'admettre que les ouvriers inscrits au parti socialiste et à leurs syndicats : or je n'ai pas souvenir qu'aucune le fit, ni en France, ni même en Belgique. Le caractère socialiste de la coopération se manifestait simplement par l'affectation d'une part des bénéfices à des œuvres socialistes, soit par des versements réguliers à la caisse du parti, soit par des subventions exceptionnelles à l'époque des élections pour soutenir le candidat du parti. Et encore n'était-on pas très exigeant sur l'affectation de cette participation socialiste à laquelle les sociétaires ne se prêtaient pas bien volontiers et qu'ils tâchaient de réduire au minimum ! Le plus souvent elle se réduisait à une modeste contribution à des œuvres dites de solidarité.

Il en est bon nombre aussi qui, tout en rejetant la neutralité au point de vue social, la pratiquait au point de vue politique; elles pensaient que si la coopération devait combattre à côté du syndicat et du parti dans toutes les questions intéressant la classe ouvrière, néanmoins elle n'avait pas à prendre part aux luttes politiques et aux campagnes électorales. C'est en ceci, par exemple, que les coopératives autrichiennes diffèrent des coopératives belges, quoique, elles aussi, socialistes.

Le Congrès des Coopératives du Nord (juillet 1904) déclarait bien « se solidariser avec l'action politique du parti socialiste de France », mais en fait cette solidarité ne se traduisait pas par de grands sacrifices.

La différence entre les deux groupements était plus accusée dans le cas où quelque grève surgissait.

Les coopérateurs de la Bourse disaient qu'il fallait soutenir les grévistes, non seulement ceux qui pouvaient se trouver membres de la société, en leur fournissant à crédit, mais dans toutes les grèves, en ouvrant des souscriptions par exemple, et en publiant des articles dans les journaux coopératifs, parce que c'était là une réclame pour le mouvement coopératif et un moyen de popularité. Toutes les fois qu'il y avait grève, ils la soutenaient et se tournant vers le Comité Central lui disaient : Eh bien ! vous, les bourgeois, vous ne soutenez pas les ouvriers grévistes ?

Et c'était parfois assez embarrassant (1).

En 1906 les facteurs des imprimés s'étaient mis en grève, mais les facteurs qui distribuent les lettres avaient refusé de se joindre à eux. Alors la Bourse socialiste, « considérant que les facteurs des Postes ont gravement manqué à leur devoir en ne se solidarisant pas avec leurs camarades les facteurs des imprimés... », décida de supprimer aux facteurs des lettres leurs étrennes, pour leur donner une leçon. Cette fois, la Bourse n'eut pas les rieurs de son côté.

Et que répondions-nous aux coopérateurs socialistes ? Ce que nous répondons encore aujourd'hui à ceux qui nous tiennent le même langage. Nous leur disons : Le prolétariat a ses organes qui lui sont propres : professionnellement, le syndicat; politiquement, le parti socialiste. Eh bien ! qu'il s'en serve pour la défense de ses intérêts professionnels et même, s'il le croit utile, pour la lutte de classes et la révolution.

Mais la forme d'exploitation contre laquelle lutte la société coopérative de consommation ce n'est pas la même que celle contre laquelle lutte le syndicat; c'est une erreur et de doctrine et de fait que de les confondre. Le syndicat lutte contre le patron et contre l'exploitation, en la supposant établie, du patron sur ses ouvriers. La société coopérative de consommation, elle, n'a rien à faire avec le patron. Elle lutte contre le marchand, contre l'intermédiaire, contre quiconque dans la société fait payer plus que le juste prix.

Que le syndicat défende le *juste salaire,* c'est son rôle : quant à la société de consommation son rôle est de défendre le *juste prix.*

---

(1) Nous en avons un exemple à l'heure actuelle (juillet 1926), à propos de la grande grève des mineurs anglais. Les coopératives de Moscou ont envoyé des secours et fait campagne pour les grévistes, mais les coopératives anglaises sont très perplexes ; elles ont bien voté quelques secours mais peu de chose, et ont ressenti avec amertume les dommages que cette grève leur infligeait.

Pour les coopérateurs toute grève est un mal, mal nécessaire souvent pour combattre un autre mal qui est le salariat, mais qui doit disparaître dans un régime coopératif généralisé.

Il n'y a pas d'objection de principe à accorder des subventions aux grévistes si c'est dans un sentiment d'humanité, par exemple pour recueillir les enfants des grévistes tant que dure le chômage; mais en principe la société de consommation doit être contre la grève, parce que celle-ci porte préjudice aux consommateurs, même lorsqu'elle est victorieuse, car lorsqu'elle se termine par une hausse des salaires c'est le public qui est généralement appelé à payer les frais sous forme de hausse des prix.

Il serait d'autant plus singulier qu'on contestât à la Coopération le droit à l'autonomie que le Syndicalisme avait réclamé pour lui-même ce même principe d'indépendance vis-à-vis du parti ! C'est un des articles essentiels du programme de la C. G. T. depuis sa constitution. Et les syndicalistes les plus fervents l'avaient fort approuvé. Voici, par exemple, ce que M. Albert Thomas écrivait dans l'*Humanité* du 19 juin 1905 et cette déclaration m'avait paru assez intéressante pour être citée il y a trente ans dans mon livre *Coopération :*

« Nos groupes syndicaux ont été assez souvent ravagés par la politique pour qu'ils se sentent peu de goût à recommencer. A chacun sa besogne... Le syndicat ne peut entrer dans les cadres d'un parti. Il nous semble incontestable que pour accomplir leur quotidienne besogne de lutte, les syndicats ne doivent s'embarrasser d'aucune formule politique, fut-elle socialiste ou collectiviste » (1).

§ 3. — Le Pacte d'Unité.

Ainsi se prolongea cette longue querelle que j'abrège singulièrement, mais sur laquelle nous aurons à revenir.

Guillemin, le secrétaire de la Bourse, écrivait dans son journal : « J'estime pour ma part, et contrairement aux partisans de la fusion, que les deux groupements sont utiles : c'est un stimulant pour tous; chacun s'ingénie à faire mieux qu'à côté. »

Il y avait une part de vérité dans cette façon de voir; toute-

(1) Le droit de la coopération à l'autonomie a finalement été reconnu par le Congrès Socialiste International de Copenhague en 1910. Voir ci-dessus p. 50 et note.

fois ce n'est pas à des coopérateurs qu'il appartient de vanter les vertus de la concurrence, et si la doctrine coopérative put bénéficier de cette polémique, le mouvement coopératif n'en fut pas moins très enrayé.

Les conséquences en furent déplorables. Chacune des Fédérations tirait de son côté et se disputait les sociétés adhérentes, comme des commerçants qui se disputent les clients. Et le pire c'est qu'on n'y réussissait même pas, parce que cette division fournissait précisément aux sociétés paresseuses un bon prétexte pour n'adhérer à aucune ! Chacune des Unions avait finalement et à grand peine rallié 300 à 400 sociétés, sur les 3.000 qui, à ce moment déjà, existaient en France.

Ainsi le mouvement coopératif se trouvait paralysé et les coopérateurs étrangers disaient, avec une sévérité dans une certaine mesure justifiée, que la coopération française était au dernier rang de tous les autres pays d'Europe.

Il faut dire, en effet, qu'en dehors de cette activité littéraire dont j'ai parlé qui se manifestait par des articles de revue, des conférences, quelques livres de fond, le mouvement coopératif était misérable. C'est ainsi que la société de consommation qui avait eu l'honneur d'être associée à la naissance de l'Ecole de Nimes, l'*Abeille Nimoise*, était une des plus pauvres sociétés qu'il y eût en France, à cette date.

Et si les sociétés de l'Union, filles de l'Ecole de Nimes, restaient fort en arrière de leurs leaders, ce n'est point à dire que les sociétés de l'Union rivale fussent beaucoup plus avancées. Elles étaient loin encore de réaliser le programme de Nimes qu'elles affectaient de dédaigner ! Pourtant leur Magasin de Gros avait beaucoup distancé celui de l'Union, dépassant 11 millions, tandis que l'autre n'arrivait pas à 2. Et comme cette inégalité ne pouvait être attribuée à des capacités supérieures de ses administrateurs, il fallait bien en faire honneur à un sentiment du devoir coopératif plus développé chez les rouges.

Abdiquant toute vanité, l'Ecole de Nimes et moi-même personnellement, avions fait maintes avances à la Bourse socialiste pour faire cesser ce schisme et arriver à une Union.

Mais en dehors même des griefs que je viens d'indiquer, on se heurtait à de misérables susceptibilités personnelles de part et d'autre. Les directeurs de la Bourse socialiste — Guillemin, Héliès, aujourd'hui député, Marie — n'étaient pas disposés à abandonner leur rôle de dirigeants et craignaient, une fois fusionnés avec le Comité Central, d'être éclipsés ou même éliminés. J'avais beau leur dire que tout au contraire c'est nous, les bourgeois, qui étions destinés à être les victimes de cette Union, si elle se réalisait, puisqu'ils auraient la majorité et la faculté de nous éliminer à leur gré, nous ne pouvions les rassurer.

Finalement on consentit à nous dire : « Vous voulez l'union ? Très bien, vous n'avez qu'à venir nous trouver : nous vous recevrons. » Mais, en dehors de tout sentiment d'amour-propre, que nous aurions volontiers mis de côté si cette capitulation avait dû avoir pour résultat la réunion de toutes les coopératives, nous savions bien que cette abdication n'aurait été suivie d'aucun résultat, parce que les sociétés coopératives de l'Union n'auraient pas accepté d'être livrées à la Bourse socialiste et ne nous auraient pas suivis.

Ce qu'elles demandaient et ce que nous demandions c'est qu'on décidât la dissolution simultanée des deux Unions, pour les remplacer par une Union nouvelle qui serait indépendante de toute attache avec les organisations défuntes.

Cette solution, pourtant si libérale, n'aurait pas abouti si des influences heureuses n'étaient venues à l'appui de ce projet d'entente.

Un certain nombre de socialistes s'étaient montrés sympathiques, dès le début, au programme de l'Ecole de Nîmes et avaient reconnu là un idéal commun. C'étaient les socialistes qui s'inspiraient encore de l'ancien socialisme français.

D'abord Benoît Malon, un autodidacte qui avait été simple berger dans son enfance, comme le prophète Amos. Il n'est pas devenu un grand écrivain, mais c'était un travailleur consciencieux : il a écrit une *Histoire du Socialisme* et il a été directeur d'une Revue socialiste.

Il répondit à l'appel des néo-coopérateurs. Il déclara qu'il y avait du bon chez eux et qu'il fallait les soutenir.

De même un autre socialiste français, Fournière, qui a écrit aussi un assez grand nombre de livres et est devenu plus tard, durant la guerre, professeur d'Economie politique à l'Ecole Polytechnique.

Enfin, plus tard, Jaurès, qui, quoique devenu un des principaux chefs de ce qu'on appela le Socialisme Unifié, est resté toujours fidèle à l'esprit idéaliste et généreux des socialistes français de la première moitié du dix-neuvième siècle. Il se montra toujours plein de sympathie pour l'Ecole de Nimes et ses leaders et fit ce qui dépendait de lui pour lui rallier les socialistes.

Et, avec lui, un disciple qui n'était encore qu'au début de sa brillante carrière, Albert Thomas, et deux universitaires qui professaient la doctrine socialiste et avaient apporté à la Bourse, assez pauvre en intellectuels, un concours précieux. Mauss et Landrieu, ce dernier décédé récemment, le premier toujours professeur à l'Ecole des Hautes-Etudes. Quoique assez peu sympathiques aux leaders de l'Ecole de Nimes, ils se rallièrent cependant au principe de l'Union. Et aussi un vrai communiste, aujourd'hui député de ce parti à la Chambre, Henriet, et un ouvrier autodidacte d'origine allemande, Mütschler, aujourd'hui rédacteur du journal *Le Coopérateur Suisse*.

N'oublions pas enfin les coopérateurs étrangers. Obligés, quand ils venaient à nos Congrès ou quand ils nous invitaient aux leurs, de partager leurs amabilités entre ces deux organisations rivales, ils en étaient ennuyés, las et scandalisés, et ne cessaient de dire : mettez-y un terme ! Même les Belges qui n'étaient pas suspects, puisque la coopération belge a été et est encore tout à fait socialiste, tout à fait rouge, les César de Paepe, Bertrand, Anseele (1), disaient à leurs camarades socialistes français : Acceptez le programme de l'Union; il est très suffisant, avancé, et même, disaient-ils avec raison, il y a peu de coopératives socialistes où il soit déjà appliqué ! C'était tout à fait exact, et les coopérateurs socialistes français, quand ils avaient un accès de sincérité, le reconnaissaient eux-mêmes.

Mais la solution attendue vint enfin, grâce à l'entrée dans le mouvement coopératif d'hommes nouveaux, en outre de ceux que je viens de rappeler, qui apportèrent un esprit plus conciliant et plus avisé : Henri Sellier, aujourd'hui conseiller général de la Seine, comme représentant de Suresnes, et Ernest Poisson, destiné à devenir l'animateur de la future Fédération. Ils exercèrent une pression sur la Bourse socialiste et l'obli-

---

(1) Il faut cependant faire exception pour Vandervelde qui en 1913 publia tout un livre, *La Coopération neutre et la Coopération socialiste*, pour combattre le projet de fusion et démontrer l'impuissance de la Coopération neutre.

gèrent à accepter la dissolution des deux organisations et la création d'une société nouvelle.

Nous rédigeâmes un manifeste qui fut approuvé par les délégués des deux mouvements, quoique non sans quelque hésitation de la part des délégués de l'Union de la rue Christine qui y voyaient trop de concessions au collectivisme. Ce manifeste est assez long. En voici la partie essentielle :

L'Union Coopérative et la Confédération des Coopératives (la Bourse), *désireuses de mettre fin à un état de division qui fournit un prétexte à trop de sociétés pour n'adhérer ni à l'une ni à l'autre des organisations existantes, et retarde l'essor du mouvement coopératif... D'accord sur les principes essentiels de la Coopération tels qu'ils ont été formulés par les Pionniers de Rochdale et appliqués depuis lors avec un succès croissant par des millions de travailleurs dans tous les pays, à savoir :*

La substitution au régime compétitif et capitaliste actuel d'un régime où la production sera organisée en vue de la collectivité et non en vue du profit;

L'appropriation collective et graduelle des moyens d'échange et de production par les consommateurs associés, ceux-ci gardant dorénavant pour eux les richesses qu'ils auront créées.

Constatant l'accord de ces principes purement coopératistes avec ceux qui sont inscrits dans le programme du socialisme international, mais réclamant, comme l'ont reconnu les Congrès de Hambourg et de Copenhague, l'autonomie du mouvement coopératif;

Laissant d'ailleurs à chaque société la liberté de disposer de ses bonis à son gré;

Excluant seulement les sociétés capitalistes ou patronales, c'est-à-dire celles qui allouent un dividende au capital-action, en sus d'un intérêt limité;

ou qui limitent le nombre des actionnaires;

ou qui donnent à leurs membres un nombre de voix proportionnel au nombre de leurs actions;

ou qui ne confèrent pas la souveraineté à l'assemblée des sociétaires;

Décide de supprimer les organisations centrales existantes et de les remplacer par une organisation nouvelle qui s'appellera la Fédération Nationale des Coopératives de Consommation, organe d'émancipation des travailleurs. »

Je dois dire que ces quatre derniers mots furent ajoutés

un peu contre mon gré : j'estimais en effet que ce n'était qu'un coup de grosse caisse et qui avait le tort de fausser l'idée coopérative en assignant comme objectif à la coopération celui qui doit rester propre aux syndicats. Il est vrai qu'on avait eu soin de ne pas dire l'émancipation « des ouvriers » mais celle « des travailleurs » et que tout le monde peut rentrer dans ce qualificatif. Néanmoins, répétons une fois de plus que la coopérative de consommation, par définition même, ne doit connaître les travailleurs qu'en tant que consommateurs.

Evidemment on trouve dans ce manifeste beaucoup du programme de l'Ecole socialiste, mais on n'y trouve pas le point essentiel que réclamait la Bourse socialiste, c'est-à-dire l'adhésion au parti socialiste, ni la lutte de classes.

Les coopérateurs socialistes n'hésitèrent pas d'ailleurs à reconnaître leur défaite. Le Cercle de la Coopérative *la Bellevilloise*, dans un long rapport présenté au Congrès de Bordeaux en 1922, disait : « Le pacte de fusion de Tours ne porte que l'empreinte indélébile de l'Union Coopérative ». Et la preuve c'est que les dirigeants de la Bourse n'entrèrent pas dans le Conseil de la nouvelle Fédération.

Chacune des Unions convoqua un Congrès qui vota sa propre dissolution; et le jour de Noël 1912, jour symbolique ! dans la ville de Tours, il y eut un Congrès qui réunit pour la première fois, aux applaudissements des nombreux délégués étrangers, les représentants des deux groupements, celui de l'Ecole de Nîmes et celui de l'organisation socialiste. Ce Congrès créa la Fédération Nationale des Sociétés Françaises de Consommation, celle-là même qui existe aujourd'hui.

On pouvait craindre que cette fusion n'eût pour effet de détacher de la nouvelle organisation un certain nombre de sociétés intransigeantes, tant de droite que de gauche. C'est ce qui arriva en effet. Parmi les coopératives de l'Union de la rue Christine, celles du P. L. M. — et parmi les coopératives de la Bourse, celles du Nord — se refusèrent à suivre leurs organisations respectives dans leur abdication et reprirent leur indépendance. Mais ces pertes se trouvèrent plus que compensées par des adhésions, suscitées précisément par la fusion, en sorte que la nouvelle Fédération débuta avec un millier de sociétés environ, tandis que les deux organisations dissoutes n'en comptaient pas plus de 400 chacune. Au reste, les récalcitrants ne tardèrent pas eux-mêmes à rentrer dans la maison commune. Un millier de membres ce n'était guère que le tiers des coopératives françaises existant à cette date (1912), mais aujourd'hui la Fédération en groupe 1.600 sur 3.600.

En constituant le nouveau Conseil Central, on avait mis un nombre égal de délégués des deux organisations et pris comme secrétaire un de chacune, Poisson et Daudé-Bancel. Et certains membres de l'ancienne Union, comme Edouard Marty, de Bordeaux, gardèrent un rôle important dans la nouvelle. Mais peu à peu, les délégués de l'ancienne Union ont disparu, soit qu'ils aient été éliminés, soit qu'ils se soient retirés d'eux-mêmes.

Il ne reste plus aujourd'hui que trois représentants de l'ancienne Union de la rue Christine : le président de la Fédération du P.L.M., Chiousse, Daudé-Bancel et moi-même. Mais Daudé, quoique encore membre du Conseil comme représentant des Coopératives de l'Afrique du Nord, a été mis prématurément à la retraite comme secrétaire. Selon toute probabilité, d'ici à peu de temps, il ne restera plus dans le Comité Central aucun des membres de l'Union créée par l'école de Nimes.

Au reste, les membres du Comité Central qui avaient poussé à la fusion savaient bien que celle-ci, tout en sauvegardant leur programme, serait pour eux, en fait, un suicide, parce que les anciens membres de l'Union se trouveraient peu à peu éliminés, non seulement parce que les socialistes étaient beaucoup plus nombreux mais parce qu'ils étaient aussi, je l'ai déjà dit, plus vivants et plus militants, s'intéressant beaucoup plus au mouvement coopératif et sachant lui faire plus de sacrifices que n'en consentent à le faire les coopérateurs bourgeois.

On peut dire, en forçant un peu l'image, que l'Union Coopérative était une âme sans corps, ou du moins dans un corps chétif, et que la Bourse socialiste était un corps sans âme. Mais on peut vivre avec un corps sans âme, cela est même fréquent, tandis qu'on n'a pas vu encore sur terre vivre une âme sans corps. La Fédération nouvelle réunissait les deux, et il nous suffit de penser qu'en elle l'âme de l'Ecole de Nimes survivra.

CHAPITRE V.

L'ECOLE DE NIMES ET LA LUTTE DE CLASSES

Le secrétaire de la Bourse socialiste, Guillemin, écrivait un jour dans l'*Humanité* : « Les hommes de l'école de Nîmes, comme M. de Boyve, concluent à la suppression du salariat par l'alliance du capital et du travail et nient d'une façon systématique la lutte de classes. »

C'est vrai : le programme de l'Ecole de Nîmes, tout au moins celui de son fondateur, se trouve exactement défini.

De Boyve avait en horreur la doctrine de la lutte de classes et par conséquent non seulement il se refusait à l'inscrire dans le programme coopératiste, mais il voyait dans la coopération précisément son antidote, à savoir la collaboration de classes.

Inutile de rappeler que les coopératives socialistes, celles autrefois de la Bourse, celles aujourd'hui de l'école de Moscou, voient dans la coopération une arme pour la lutte de classes et qui peut, si elle est bien utilisée, être aussi efficace que le syndicat.

Il importe d'insister sur cette attitude caractéristique de l'école de Nîmes qui la sépare des écoles socialistes, mais d'abord il faut se demander ce qu'on entend au juste par lutte de classes ?

C'est un mot qui revient si souvent dans tous les programmes socialistes, dans les articles de journaux, qu'il est devenu un lieu commun. Mais, quoiqu'on ne puisse le prononcer dans une réunion publique sans provoquer des applaudissements enthousiastes, rares ceux, même dans la classe ouvrière, qui pourraient s'en faire une idée juste.

§ 1. — Qu'est-ce que la lutte de classes ?

Pour avoir une idée exacte de ce que l'on appelle « la lutte de classes ». il faudrait remonter au delà de l'espèce humaine, puisque la lutte est une des lois de la vie. Je n'ai pas besoin de rappeler que dans le monde animal la lutte est liée à ces deux instincts fondamentaux, la faim et l'amour, et qu'elle est considérée par les biologistes, tout au moins par ceux de l'Ecole de Darwin, comme l'explication de l'évolution et du progrès.

Entre les hommes aussi la lutte a sévi de tout temps dans

les domaines les plus divers : lutte politique, lutte des religions, de langues, et il serait surprenant que dans l'ordre économique elle fut inconnue ou de moindre importance. De tous temps il y a eu lutte entre les pauvres et les riches. Dans la Bible les écrits des Prophètes, et même les Evangiles, sont remplis de dénonciations aussi violentes que celles des communistes de nos jours contre les mauvais riches.

Toutefois, cette antique querelle des riches et des pauvres, des gros et des maigres, comme on disait dans les républiques italiennes du moyen âge, ce n'est pas là encore la lutte de classes ; car celle qu'on appelle de ce nom n'a pu commencer avant que le capitalisme et le salariat fûssent nés eux-mêmes, c'est-à-dire à une époque relativement récente, trois ou quatre siècles environ. Et quoique dès lors cette lutte se soit manifestée sous la forme de récriminations des ouvriers contre les patrons, de grèves, d'émeutes, de jacqueries, et parfois de chansons satyriques, ce n'était pas la lutte de classes proprement dite. Celle-ci n'a vraiment existé que du jour où l'opposition d'intérêts entre les salariés et le capitalisme est devenue consciente, c'est-à-dire du jour où les prolétaires ont eu cette révélation qu'ils étaient les seuls créateurs de toute richesse et que les riches n'étaient que des parasites s'engraissant du produit du travail ouvrier. Ce fût le socialisme qui apporta cette révélation.

Mais encore faut-il distinguer entre les socialistes. Les socialistes de la première moitié du siècle dernier avaient flétri les oisifs en les opposant aux travailleurs. La comparaison entre les abeilles et les frelons de la ruche était bien connue, même avant les socialistes. Néanmoins ceux-ci n'avaient pas prêché la lutte de classes. La Révolution de 93 elle-même n'avait pas fait de différences de classes, car elle guillotinait aussi bien les pauvres que les riches.

Ce fut seulement avec Karl Marx que la lutte de classes fut présentée comme la loi fondamentale de l'évolution économique et, quelle que soit l'opinion que l'on ait sur la question, on ne peut méconnaître que c'est là une date capitale dans l'histoire des doctrines.

Voici un bref résumé de sa thèse (1).

(1) On trouvera aussi la thèse marxiste exposée, sous un aspect un peu différent, dans la brochure II du Cours de 1924 : *Le programme coopératiste et les Ecoles socialistes.*

Je n'ai pas besoin de vous apprendre comment depuis plus d'un siècle la grande industrie s'est développée avec son compagnon inséparable, le salariat. En effet, pour installer ses usines, ses fabriques, il lui a fallu recruter des milliers d'ouvriers. Or, où a-t-elle pris ces salariés ? Ils ont été tirés de la foule des travailleurs qui jusque là étaient des travailleurs libres, petits artisans, petits commerçants, paysans. Et pourquoi ceux-ci se sont ils résignés à renoncer à leur situation de travailleurs libres pour entrer dans les casernes de la grande industrie ? Parce qu'ils ne pouvaient faire autrement. Parce qu'ils avaient été dépouillés de leurs instruments de travail, de leurs outils, de leurs échoppes, de leurs petites terres, par la concurrence victorieuse de la grande industrie, et qu'ils avaient vu tomber de leurs mains ces armes impuissantes, comme les piques ou les épées devant les fusils et les canons ; parce qu'ils étaient des hommes devenus incapables de produire par leurs propres moyens, plus incapables de produire que les grands mutilés de la guerre ; parce qu'il est impossible de rien produire sans capital, c'est une des lois élémentaires de l'Economie Politique.

Ce changement de situation, Karl Marx l'a appelé d'un mot admirable, parce que c'est précisément le mot qu'il faut et qui explique ainsi la lutte de classes : il a dit que les salariés étaient des « expropriés ».

Et c'est pour cela qu'on les appelle aussi des « prolétaires », mot assez curieux ; il vient du latin et désignait les habitants de la cité qui n'étaient pas des citoyens, qui n'avaient pas le droit de vote dans les Comices, qui ne servaient pas dans l'armée et n'avaient d'autre fonction dans l'Etat que celle de faire des enfants (*proles*, postérité). On a conservé ce mot et sa signification antique s'est trouvée même parfaitement adaptée à la situation économique présente, car « faire des enfants » n'est-ce pas la seule chose que l'on puisse faire sans capital ?

Que peuvent-ils faire alors, ces prolétaires, puisqu'ils ne peuvent rien produire par eux-mêmes ?

Ils vont demander le moyen de vivre à la classe qui les a expropriés, ils vont demander à ceux qui leur ont pris leurs instruments de travail, terre ou capital, le droit de s'en servir.

Ils peuvent se procurer ces instruments de travail de deux façons différentes.

La première c'est que ces expropriés demandent aux capitalistes de leur louer ou de leur prêter, le capital ou la terre. Bien entendu, les nouveaux possesseurs ne les leur prêteront pas gratis, mais moyennant une redevance qui s'appellera intérêt ou fermage.

Cet arrangement est assez avantageux pour le prolétaire parce qu'il le rétablit dans sa situation originaire de travailleur autonome, indépendant, et lui permet de garder pour lui les produits de son travail, sauf le prélèvement (intérêt ou fermage) à payer au propriétaire.

Malheureusement ce premier moyen est inaccessible à la presque totalité des prolétaires, si ce n'est dans les petites industries. Vous avez pu voir dans les journaux ces jours-ci, et encore ce matin, que les marchandes aux petites voitures dites des quatre-saisons — parce qu'elles sont chargées de légumes ou fruits changeant selon la saison — se plaignent du prix auquel on leur loue ces petites voitures; comme elles n'ont pas de capital pour acheter ces voitures, elles sont obligées de les louer à ceux qui les possèdent et qui leur font payer un intérêt quotidien à un taux fantastique. Le Préfet de la Seine a annoncé qu'il allait prendre des mesures. Cependant si cher qu'elles payent la location de leurs petites voitures, ces marchandes des quatre-saisons sont du moins des travailleuses libres, indépendantes, et qui gardent pour elles le produit de leur travail.

Mais dès qu'il s'agit de produire sur une grande échelle. les prolétaires ne peuvent plus recourir à ce moyen. Pourquoi? D'abord parce qu'en ce cas ces instruments de travail ne se prêtent pas à l'utilisation individuelle. Le marchand de légumes peut tirer profit d'une petite voiture, ou le pêcheur d'une barque, mais non le cheminot d'une locomotive ; qu'en ferait-il ?

Et aussi, lorsqu'il s'agit de capital argent, parce que le prolétaire n'a pas de crédit. Vous connaissez le proverbe « qu'on ne prête qu'aux riches ». On ne prêtera pas aux prolétaires, à moins qu'ils ne soient organisés sous la forme d'associations coopératives de Crédit rural ou urbain, et encore ces associations ne peuvent-elles se constituer avec des sans le sou.

Donc pour l'immense majorité des prolétaires il n'y a pas à songer à reprendre les instruments de travail par la voie de l'emprunt ou de la location. Il leur faut trouver un autre arrangement : au lieu de demander au capitaliste de lui louer, l'instrument de travail, le prolétaire procède de façon inverse; il lui offre de lui louer, à lui capitaliste, ses bras, sa main-d'œuvre : c'est précisément ce qu'on appelle le contrat de salaire ou contrat de travail.

Par ce contrat le travailleur perd définitivement son indépendance, qu'il avait retrouvée tout à l'heure, parce que d'après ce contrat le produit du travail appartiendra non plus à lui, travailleur, mais au capitaliste devenu « le patron » comme on dit : l'ouvrier touchera uniquement le prix de la location de sa force de travail, qui s'appelle le salaire. Ce travailleur, se trouve avoir aliéné son indépendance moyennant un salaire. Il a fait comme Esaü, vendant son droit d'aînesse pour un plat de lentilles et, dit la Bible en racontant cette histoire, Esaü a consenti « parce qu'il avait faim ». Eux aussi, ils avaient faim ! Voilà l'histoire, un peu poussée au noir, si l'on veut, des origines du salariat.

Et voici donc, bien distinctes et opposées, les deux classes : celle des expropriateurs qui se sont appropriés les instruments de travail et qui a seule en mains le pouvoir de produire ; celle des expropriés qui, n'ayant plus ses instruments de production, ne pourra plus produire qu'autant que la première lui en fournira les moyens.

Celle-ci les lui fournira volontiers — puisqu'elle serait incapable de les utiliser par ses propres mains — mais sous la condition que la seconde lui paiera un tribut. La classe des possédants vivra et grassement de ce prélèvement : la classe des salariés vivra pauvrement de ce qui restera sur le produit du travail.

Et voici la lutte de classes ! Car on peut bien penser que du jour où la classe salariée comprendra cette situation, elle ne l'acceptera plus et dorénavant s'efforcera de reconquérir la propriété des instruments de travail.

Cette lutte de classes doit aller s'aggravant au fur et à mesure que par l'accroissement de la grande industrie, des progrès de la technique et de la mécanique, le nombre et la puissance des capitaux s'accroît, d'une part, et que d'autre part, le nombre des travailleurs qui restaient encore indépendants, petits commerçants, artisans, paysans, tombent les uns après les autres dans le gouffre du salariat.

Dans de très beaux chapitres, que je ne peux lire ici

mais que je vous engage à lire, Karl Marx décrit les étapes successives de cette expropriation. Les doctrines de Karl Marx sur la valeur sont aujourd'hui critiquées, peut-être dépassées; mais ce qui restera dans son œuvre c'est précisément la partie historique et la façon dont il explique la genèse de la grande industrie et du salariat.

Ainsi donc, depuis quelques siècles que la lutte est engagée la victoire a été jusqu'à présent du côté du capitalisme ; car il enrôle à son service un nombre de plus en plus considérable de travailleurs. Seulement, faites attention ! cette guerre-ci présente un caractère tout à fait spécial : c'est qu'au fur et à mesure qu'elle continue, l'armée des vaincus, des expropriés, augmente en nombre, tandis que l'armée des vainqueurs diminue en nombre. C'est la conséquence de la loi de concentration, nécessairement associée à cette histoire, et qui fait que quelques mains, en nombre de plus en plus restreint, groupent des capitaux de plus en plus considérables. Si on voulait de la sorte pousser jusqu'à la limite cette courbe de l'évolution, on pourrait dire qu'il arriverait un moment où la totalité de la nation ne se composerait plus que de salariés travaillant pour le compte de quelques archi-milliardaires entre les mains desquels seraient concentrés tous les capitaux.

Or ce fait que les capitalistes sont de moins en moins nombreux et les salariés de plus en plus nombreux, doit avoir pour effet de renverser tôt ou tard le sort de la guerre. Après avoir été longtemps refoulée, voilà que, comme pour la bataille de la Marne, la classe ouvrière va refouler et exproprier à son tour les expropriateurs ! Car, en se plaçant dans l'hypothèse que je viens de formuler pour illustrer la démonstration, au cas où toute la nation serait prolétarisée en face d'un seul capitaliste possédant la totalité des capitaux, l'expropriation de celui-ci ne peut être mise en doute !

Seulement, il faut bien remarquer que même au cas de victoire, l'expropriation des expropriateurs ne saurait avoir pour effet de ressusciter le régime ancien, c'est-à-dire de restituer à chacun des travailleurs les instruments de travail. Il ne peut s'agir d'une reprise individuelle, car le régime économique de la petite industrie individuelle est fini pour toujours. Cette idée grossière de partager individuellement entre les travailleurs les capitaux repris aux possédants est tout à fait étrangère à la conception marxiste ; lorsqu'on aura repris les capitaux à la classe possédante, on devra les attribuer à la nation, à la collectivité, on devra les « socialiser ».

Ainsi tout le système nous apparaît sous cette double formule : comme but, la socialisation des instruments de production ; comme moyen, la lutte de classes.

§ 2. — Comment doit se terminer cette lutte d'après les collectivistes.

Mais au lieu de regarder le passé, regardons maintenant l'avenir. Comment se fera cette expropriation finale de la classe capitaliste ? Car enfin elle ne se fera pas d'elle-même : rien n'indique que le capitalisme doive tomber comme un fruit mûr en sa saison : il faudra tout au moins secouer fortement la branche. Ne restât-il, comme dans l'hypothèse de tout à l'heure, qu'un seul archi-milliardaire, il se défendra !

Ici les doctrinaires de la lutte de classes se divisent en deux écoles : celle des pacifistes et celle des violents.

Les premiers disent : la lutte de classes n'implique pas nécessairement la haine des classes et l'expropriation finale ne signifie pas, comme l'imaginent les bourgeois timorés, le Grand Soir, la violence, le terrorisme, ni les exécutions sanglantes comme les fusillades des bolchevistes ou la guillotine de la Révolution bourgeoise de 93.

Bon nombre de socialistes, même parmi les plus ardents, pensent que ce serait une infériorité dans la tactique du socialisme s'il ne pouvait vaincre que par l'emploi de ces moyens brutaux. L'expropriation des expropriateurs ne doit pas être un épouvantail : elle peut très bien se réaliser par des voies pacifiques et même légales.

Il y a d'abord le moyen légal le plus simple : la conquête des pouvoirs publics par l'élection de majorités socialistes dans les assemblées législatives. Ce moyen là, on a pu longtemps le croire chimérique; mais il semble qu'il devienne de jour en jour plus efficace. Il n'y a qu'à voir la proportion croissante des élus socialistes dans les assemblées parlementaires des pays de l'Europe; il en est, comme en Finlande, où déjà la majorité est socialiste; et dans d'autres pays où elle n'est pas la majorité, du moins le parti socialiste constitue déjà une minorité puissante qui grandit à chaque renouvellement des Chambres, comme en Allemagne, et même en

France. En Angleterre on sait que le « Parti du Travail » a tenu pendant quelques mois le pouvoir, avec le ministère Mac Donald. En Suède, en Belgique, dans les trois républiques de la Baltique, les récentes élections ont fait gagner beaucoup de siège aux socialistes.

Il n'est nullement improbable de voir d'ici à deux, trois, quatre ou cinq réélections, le parti socialiste avoir la majorité dans les assemblées parlementaires des grands pays de l'Europe Occidentale et non pas seulement en Russie.

Supposons que cela arrive. L'expropriation pourra donc être réalisée de la façon la plus simple par une loi, par une série de lois.

Remarquez d'ailleurs que c'est ainsi qu'a été réalisée dans le passé ce que Marx appelle l'expropriation des travailleurs libres. On ne peut pas dire qu'elle ait été faite par la force mais par une série de lois que la classe possédante votait au mieux de ses intérêts ou par les décrets du gouvernement qui l'incarnait. Du jour où le gouvernement passera aux mains des prolétaires, on fera de même, il n'y aura qu'à faire tourner la machine législative en sens inverse.

Quelles sont donc les lois que pourrait voter une Chambre le jour où sa majorité serait devenue collectiviste et résolue à décréter la socialisation des richesses acquises et des capitaux ?

Il y a d'abord l'expropriation pour cause d'utilité publique, avec indemnité si l'on veut rester dans la légalité. Les collectivistes partisans de la lutte de classes n'excluent pas, comme on pourrait le croire, le paiement d'une indemnité. C'est Karl Marx lui-même qui a admis que l'expropriation avec indemnité serait le moyen le moins onéreux de réaliser la socialisation (1). Il veut dire par là qu'une indemnité donnée aux propriétaires actuels reviendrait moins cher à la nation qu'une expropriation brutale. Il est fâcheux que les bolchevistes russes, adorateurs de Karl Marx, aient négligé ce sage conseil.

On peut procéder à cette expropriation par un autre moyen, pacifiste aussi : par la suppression de l'héritage, testamentaire ou successoral. Si l'on veut être très large, on peut accorder un

---

(1) « Karl Marx a dit que la Révolution serait au meilleur marché possible si elle pouvait indemniser les détenteurs actuels du Capital ». Jaurès : *Etudes Socialistes*, page 8.

délai de grâce pour les fils des possédants actuels, et même au besoin pour les petits-fils qui seraient déjà nés et pourraient se considérer comme ayant un droit acquis à la succession de leurs pères et grands pères. On ne ferait commencer la suppression de l'héritage qu'à la seconde ou troisième génération. Qu'importe ? qu'est-ce qu'un retard de cinquante ans dans la réalisation d'une révolution sociale au cours d'une histoire millénaire ?

On peut enfin arriver à l'expropriation par un moyen encore plus simple, celui dont on se sert actuellement, et on sait dans quelles proportions ! — par les impôts. Vous entendez parler tous les jours du fameux projet de prélèvement sur le capital ; il ne s'agit encore que d'un prélèvement modéré, évalué, je crois, à 15 %. Eh bien, le jour où on aura une majorité pour voter le prélèvement de 15 p. 100, pourquoi ne pourrait-on en atteindre une autre qui élèvera le prélèvement à 50, 60, 90 p. 100 ? Et l'expropriation serait ainsi réalisée sous cette forme fiscale.

Si la doctrine de la lutte de classes ne devait comporter que ces solutions, l'école de Nîmes admettrait volontiers qu'on peut les discuter. Elle n'a pas d'objections de principe contre l'expropriation, avec indemnité, de certaines catégories de biens, comme les mines, ou même de la terre en général ou peut-être même de la propriété urbaine (1) — tout au plus peut-être des objections d'opportunité, et aussi des doutes sérieux sur le point de savoir si l'ensemble de la nation y gagnerait et même si le bien-être de la classe dite prolétaire s'en trouverait accru.

---

(1) Voici, du reste, comment s'exprimait un économiste de l'école libérale et individualiste, Molinari : (*Les Bourses du Travail*, préface, page IX) : « Nous ignorons si la vieille société résistera ou succombera à l'assaut du socialisme, et, s'il faut tout dire, nous inclinons à croire que les révolutions politiques des XVIIIe et XIXe siècles pourraient bien ouvrir la voie aux révolutions sociales du XXe. La confiscation des fortunes des trente mille milliardaires et millionnaires qui possèdent les trois cinquièmes de la propriété immobilière et mobilière des Etats-Unis n'aurait, après tout, rien de plus extraordinaire ni même de plus scandaleux que ne l'a été, dans notre vieille Europe, celle des biens, relativement moins considérables et provenant d'une source peut-être plus pure, de la noblesse et du clergé. Il est donc fort possible que le socialisme réalise la première partie de son programme : celle qui consiste à s'emparer du capital accumulé dans les régions supérieures de la société pour le distribuer à la multitude... »

Mais cette façon souriante de présenter la lutte de classes et son dénouement, qui fût celle de Jaurès notamment, semble aujourd'hui plutôt discréditée et c'est à la violence que les socialistes demandent plus volontiers la solution. Il ne faut pas oublier que Marx a écrit que la force serait « l'accoucheuse » de la société nouvelle.

Et cette conception agressive de la lutte de classes a trouvé des adeptes enthousiastes, moins peut-être chez les ouvriers que chez quelques intellectuels, à qui elle a valu une célébrité. On sait quel a été le retentissement du livre de Georges Sorel *Réflexions sur la Violence,* non pas seulement dans les milieux socialistes mais dans ceux conservateurs et même réactionnaires. Mussolini a déclaré s'en être inspiré, G. Sorel a fait école et quelques-uns de ses disciples ont publié une revue *Le Mouvement Socialiste,* qui, il y a une trentaine d'années, a développé cette thèse que la lutte de classes impliquait bien la violence et que la violence est une des conditions de la transformation, non seulement économique mais morale de la société. Nous citerons plus loin quelques passages caractéristiques.

Pour les socialistes qui se qualifient de communistes, le mode d'expropriation que j'ai indiqué en premier lieu, celui de la conquête des pouvoirs publics est un moyen chimérique. Ils pensent que du jour où les socialistes seraient en majorité ils seraient enlisés dans l'organisation parlementaire ; le jour où ils seraient devenus chefs de cabinet, ils ne feraient plus l'expropriation. L'expérience leur a démontré, par l'histoire parlementaire et politique des différents Etats, que du jour où les collectivistes arrivent au pouvoir, ils cessent d'être des expropriateurs.

Il faut donc se défaire de cette préoccupation de conquérir la majorité qui n'est qu'une idée bourgeoise; qu'importe la majorité ? Ce ne sera jamais qu'une minorité qui incarnera les aspirations et les énergies du prolétariat et c'est celle-là qui doit s'emparer du pouvoir par un coup d'Etat. C'est ce qu'on nomme « la dictature du prolétariat » et les communistes acceptent volontiers cette qualification.

On sait que les bolchevistes — quoique ce nom en russe veuille dire majorité — n'ont jamais été qu'une petite minorité de la population russe. Le fameux décret d'expropriation générale d'octobre 1917 n'a été promulgué que par une poignée d'hommes. Mais en tout autre pays il ne sera peut-être pas facile à cette minorité militante de gagner l'armée, comme elle y a réussi facilement en Russie.

Soit ! mais les travailleurs ont un autre moyen, non plus politique mais purement économique, qui s'appelle la grève générale. Ce moyen, pour beaucoup de collectivistes doit être le dénouement de la lutte de classes. C'est par elle que se gagnera la bataille.

Qu'entend-on par ce mot la grève générale ? Faut-il supposer une grève simultanée dans toutes les industries, dans tous les métiers ? Ce serait chimérique; on ne réussirait jamais à grouper unanimement tous les 12 à 13 millions de travailleurs en France qui appartiennent à tant d'industries différentes. Mais pour que la grève générale fût efficace et victorieuse il suffirait qu'elle englobât ce que les Anglais appellent les industries clés, nous dirons plutôt les industries vitales, c'est-à-dire les industries qui font marcher toutes les autres et dont l'arrêt entraînerait l'arrêt de la vie nationale. Il suffirait que la grève générale englobât tous les employés de chemins de fer, tous ceux des Postes et Télégraphes, tous les ouvriers des mines de houille, tous les employés des services municipaux, eaux, éclairage, transports urbains, pour que toutes les autres industries n'ayant plus de moyens de transports, plus de charbon, plus de force motrice, plus de lumière, fussent obligées d'arrêter leur travail jusqu'à ce que la classe possédante eût capitulé, ce qui serait l'affaire de quelques jours.

Cette grève générale aurait sur les grèves ordinaires, sur le vieux système révolutionnaire des barricades, aujourd'hui système suranné, le grand avantage non pas seulement d'être efficace en jugulant la société, non pas seulement de braver mitrailleuses et tanks en faisant le vide devant eux, mais de donner une leçon de choses admirable en démontrant par le fait la thèse essentielle du socialisme, à savoir que la richesse est uniquement le produit du travail de l'ouvrier. En effet, aux bourgeois qui ne voulaient pas le croire et qui disaient : « l'ouvrier n'est pas le créateur de la richesse, il n'est qu'un instrument du capital », les grévistes diront, les bras croisés : Eh bien ! maintenant, essayez de vivre, avec vos capitaux.

§ 3. — Pourquoi l'Ecole de Nîmes rejette cette doctrine.

Telle est la doctrine de la lutte de classes — ou du moins telle qu'on peut la présenter sous le jour le plus favorable. Nous n'avons pas cherché à la discréditer *a priori*.

Mais même sous cette forme rassurante, l'École de Nîmes l'a rayée de son programme — et surtout M. de Boyve qui était intransigeant sur cet article. Presque tous les articles qu'il a écrits au cours de sa longue vie, sont, peut-on dire sur ce sujet.

Voici, par exemple, dans l'exposé des principes du journal l'*Emancipation*, en 1887, son journal, comment il s'exprimait :

« L'*Emancipation* est socialiste en ce sens qu'elle s'occupe de tout ce qui peut améliorer la position sociale des moins favorisés; mais elle combat très sévèrement tous ceux qui préconisent les moyens violents pour atteindre ce but. »

A cette doctrine, qu'il considérait comme fratricide, il opposait cette devise qui, depuis, a été souvent répétée et qui figurait sur l'en-tête d'un journal des coopératives agricoles, appelé la *Démocratie Rurale*, de M. Kergall « l'Union pour la Vie ».

Les amis et aujourd'hui les successeurs de de Boyve étaient moins absolus et admettaient qu'il y avait une part de vérité dans l'explication historique de Karl Marx. Cependant ils sont restés fidèles à cette conception de la coopération qui s'oppose, aussi bien, du côté des économistes à la concurrence, que du côté des socialistes à la lutte de classes.

Reste à savoir pourquoi l'Ecole de Nîmes et ses disciples veulent lutter contre la lutte de classes ?

Si nous remontons aux origines de l'Ecole de Nîmes nous pouvons dire que si elle est contre la lutte des classes c'est d'abord parce que, en la personne de son fondateur M. de Boyve, elle procède d'une inspiration chrétienne, la même qui inspirait les *christian socialists* d'Angleterre, l'horreur de la violence. Il est vrai que Jésus a dit un jour en parlant du Royaume de Dieu « ce sont les violents qui le ravissent » — mais là il ne s'agit pas de le ravir à autrui ! il s'agit seulement d'une exhortation à l'énergie spirituelle, comme celle de Jacob luttant avec l'ange. Mais quand il s'agit des rapports des hommes entr'eux, l'enseignement de l'Evangile c'est celui du sermon des béatitudes : « heureux les débonnaires, car ils hériteront la terre ». Le christianisme social attend la transformation sociale non de la force mais de l'amour, non de la révolution mais de la conversion, pour employer le mot même consacré par toutes les religions.

Mais en dehors même de toute influence religieuse, l'école de Nîmes avait beaucoup d'autres raisons pour repousser la doctrine de la lutte de classes. D'abord elle ne faisait en ceci que suivre la tradition de tout le socialisme français. M. de Boyve n'était pas le seul de l'école de Nîmes comme fondateur; rappelons qu'il y avait à côté de lui Auguste Fabre, qui lui, ne se réclamait nullement de l'inspiration chrétienne mais de celle de Fourier. Or Fourier n'a jamais fait aucune distinction entre ouvriers et bourgeois; il voulait que dans son phalanstère fussent réunis les plus riches et les plus pauvres et ce n'est même qu'à cette condition que « l'harmonie » serait réalisée.

C'est lui qui a dit ce mot que j'ai souvent rappelé : « Je veux un monde où tout le monde sera heureux, *même* les riches. »

Il en a été de même de ces socialistes humanitaires qui furent Pecqueur ou Cabet. Saint-Simon, lui-même, quoiqu'ayant opposé en effet les travailleurs « aux oisifs », n'a pas prêché la guerre contre ceux-ci : sa solution était la suppression de l'héritage et dans le gouvernement futur qu'il imaginait les banquiers avaient place à côté des prêtres.

Enfin Proudhon lui-même, Proudhon qui n'était pas d'origine bourgeoise comme les autres dont je viens de citer les noms, Proudhon qui était un ouvrier et est resté toute sa vie de cœur un ouvrier, Proudhon qui a proféré ces paroles incendiaires : « la propriété c'est le vol », « Dieu c'est le mal », cet énergumène a toujours condamné l'emploi de la violence. Sans doute il a flétri, il a condamné ceux qu'il appelait des parasites, ceux qui profitaient des revenus du travail sans travailler eux-mêmes, mais il n'a jamais préconisé contre eux le recours à la force. Voici une citation d'un article de lui dans son journal la *Voix du Peuple* (21 avril 1850) qui ne laisse aucun doute sur ce point, quoiqu'on puisse en être un peu surpris.

« Les solutions que la science sociale fournit ne font aucune distinction du prolétaire ou du bourgeois ; elles embrassent indifféremment tous les intérêts, toutes les classes. C'est là le sens profond de cette réconciliation que je vous prêchais, au risque de vos méfiances et de la déconsidération de mes idées comme de ma personne. »

Mais ce programme généreux du socialiste français a été qualifié de bourgeois et même « de petit bourgeois » par Karl Marx. Et voici alors, contraste instructif, comment s'expriment les disciples de celui-ci.

Georges Sorel dit : « Il faut que la classe ouvrière agisse sans aucune compromission avec la classe bourgeoise ou même intellectuelle, sans accepter son concours pour cela. Elle ne doit pas ratiociner, mais suivre son instinct, agir, demander et prendre le plus qu'elle peut ; ne pas se préoccuper de savoir jusqu'où on peut aller, où est le bon droit, la raison ; ne pas accepter d'arbitrage, agir comme dans la guerre de peuple à peuple. Il n'y a pas de devoir social plus qu'il n'y a de devoir international.

Et ailleurs, M. Sorel dit encore :

« Je crois très utile de rosser les orateurs de la démocratie et les représentants du gouvernement, afin que nul ne se fasse d'illusion sur le caractère de la violence. »

Et encore si ces appels à la violence, si ces excitations étaient dans la bouche de prolétaires, on pourrait le comprendre. Des belligérants ont le droit d'être violents. Mais ce que nous trouvons odieux c'est que ces appels à la violence soient criés par des bourgeois, par des intellectuels. Ce ne sont pas des ouvriers qui auraient trouvé cela tout seuls ; on le leur a insufflé.

Voilà par exemple le marquis Vilfredo Pareto, un économiste ultra-individualiste, qui dit aussi :

« Les travailleurs sont de ce jour de plus en plus acquis au principe de la lutte de classes; ils méprisent les discours mielleux qu'on leur tient pour les en détourner. Les seules personnes qui se laissent prendre à cet appât sont de nombreux membres de l'élite en décadence qui devient de moins en moins capable de défendre ses positions, tandis que l'orage gronde sur sa tête » (1).

Et ils ne se bornent pas, ces intellectuels, à exciter les ouvriers ; ils excitent aussi les bourgeois et les patrons à se défendre, parce qu'ils sentent bien que, pour qu'il y ait lutte, il faut être deux. Ce qu'ils souhaitent ce n'est pas précisément

(1) *Systèmes Socialistes*. Tome II, page 397.

la victoire de la classe ouvrière et la capitulation de la classe bourgeoise : non, mais c'est que la lutte, des deux côtés, soit aussi ardente que possible.

« Cette violence, dit Sorel, provoquera sans doute la même attitude de la part des capitalistes. Cela est désirable ». Ainsi « la société capitaliste atteindra sa perfection historique. »

« Les ouvriers n'ont pas d'argent, mais ils ont à leur disposition des moyens d'action bien plus efficaces ; ils peuvent faire peur. Le facteur le plus déterminant de la politique sociale est la poltronnerie du gouvernement. Il faut profiter de la lâcheté bourgeoise pour imposer la volonté du prolétariat. »

Un autre dit :

« Le jour où le prolétariat sera parvenu, sur la route jonchée de ses morts, à ce moment d'unité et de puissance, ce jour-là, l'Etat et le patronat, même sous les aspects les plus républicains, auront vécu. » (1)

Voilà comment on enseigne la lutte de classes.

Eh bien ! oui, l'Ecole de Nîmes a en horreur cet enseignement de haine. Elle voit dans le cerveau de ceux qui écrivent ces livres et ces articles la même mentalité que cet abominable public qui dans les combats de boxe excite les lutteurs, ou qui dans les courses de taureaux crie tour à tour : bravo toro ! ou réclame les banderilles et le fer rouge pour l'exciter quand il faiblit ; ou encore, si l'on veut une comparaison plus noble, comme ces bourgeois qui, pendant la guerre, assis au coin de leur feu, disaient : « Il faut aller jusqu'au bout. »

Elle réprouve ces excitations à la haine par les mêmes motifs qui lui font condamner ceux qui prêchent la haine entre les nations — tandis que les socialistes ne condamnent que celle-ci et prêchent celle-là.

Il y a quarante ans, le 20 mai 1895, de Boyve écrivait à un illustre coopérateur anglais, cette lettre :

« Nous espérons que le temps viendra bientôt où tous les coopérateurs formeront une vaste association, travaillant ensemble à satisfaire non pas seulement leurs besoins matériels mais leurs besoins intellectuels ; leurs efforts devront tendre à faire arriver un état de choses où la guerre entre le capital et le travail cesse, où toutes les divisions disparaissent et où

---

(1) Journal *L'Avant-Garde*, 1er mai 1905.

les hommes de tous les pays de la terre se tendent une main fraternelle. »

Et l'espoir exprimé dans cette lettre a été réalisé par la création de l'Alliance Coopérative Internationale, quelques années plus tard, en 1895.

Mais, disent les socialistes, tout cela c'est du sentimentalisme. La lutte de classes n'est pas une affaire de sentiments ; c'est un fait historique et même biologique. Il n'y a pas à le discuter mais seulement à le constater. Cet argument a été souvent opposé à l'Ecole de Nîmes dans le Bulletin de la Bourse Socialiste.

Il est pourtant sans valeur, car en supposant que la lutte de classes fût un fait constaté et indiscutable, qu'est-ce à dire ? La guerre aussi est un fait, la maladie est un fait, la mort est un fait; ce n'est pas à dire que l'on soit tenu d'approuver ces faits là et de les prendre comme directives d'un programme ; le programme c'est, après les avoir constatés, de tâcher de les faire disparaître ou de les atténuer le plus possible.

Que la lutte soit un ressort du progrès, qu'il y eût danger et lâcheté à la remplacer par une résignation à la façon de Tolstoï, que l'on puisse même approuver la fière parole du jurisconsulte Ihering : « ton droit tu le trouveras dans la lutte » — nous n'y contredisons pas, mais la doctrine de la lutte de classes c'est autre chose.

Et d'abord ce mot de classe répond-il à une réalité ? —

Certains le nient. L'école démocratique affirme que, depuis la Révolution de 1789 il n'y a plus de classes, que tous les hommes sont égaux.

Je n'irai pas jusque là. Evidemment, nous n'en sommes plus aujourd'hui au système des castes, tel qu'il a existé dans l'antiquité, tel qu'il existe encore dans l'Inde, un système dans lequel les individus sont groupés par catégories et voués par l'hérédité à certaines professions, à certains travaux, et où les rapports entre ces castes sont presques prohibés. Néanmoins le mot de classe me paraît encore aujourd'hui répondre à une réalité, même dans les sociétés les plus démocratiques.

Les anciens Romains avaient un critérium pour distinguer les classes. Ils disaient que ce qui caractérisait les hommes d'une même classe, c'était le *jus convivii* et le *jus connubii*, c'est-à-dire le droit de s'asseoir à la même table pour les repas et le droit de se marier ensemble. Or de nos jours encore, on peut dire que ce même critère subsiste, dans une certaine mesure, et permet de distinguer les classes, ou, si vous voulez, les couches sociales. Il n'y a pas de mariages entre la classe bourgeoise et la classe ouvrière; la fille d'un bourgeois n'épouse pas un ouvrier, si ce n'est dans les romans de George Sand. De même il n'est d'usage de s'inviter réciproquement à dîner qu'entre personnes de la même société, ou, comme on dit, « de son monde » — ce qui veut dire de sa classe; une invitation de bourgeois à ouvrier, ou réciproquement, ne peut être qu'exceptionnelle et même elle met généralement mal à l'aise l'invité aussi bien que l'hôte. Il y a assurément des exceptions. J'ai rappelé dans la première leçon de ce cours que de Boyve était très à son aise à une table d'ouvriers et que l'ouvrier était très à son aise à la sienne, mais même pour lui c'était rare et en tout cas il n'a pas fait école en cela.

Seulement nous pouvons constater que ces différences de classes, au lieu de s'intensifier, comme le veut la théorie de Marx, vont en s'atténuant. Nous ne voyons rien de semblable à une sorte de polarisation qui accumulerait, d'une part, l'extrême richesse, et de l'autre, l'extrême misère, ni même à cette stratification géologique qui superpose des couches parfaitement reconnaissables à leurs caractères spécifiques.

Est-il besoin de faire remarquer qu'au point de vue extérieur, par exemple, les différences de costume, qui ont caractérisé pendant tant de siècles les différentes classes — l'ouvrier, l'artisan, le commerçant, le bourgeois, le noble — ont presque disparu et que dans une réunion publique il faut un coup d'œil assez sûr pour reconnaître parmi tous ces hommes en veston et à faux-col, et toutes ces femmes à jupe courte et à bas de soie, à quelle classe ils appartiennent? La nourriture même est semblable dans beaucoup de maisons bourgeoises ou de maisons ouvrières. La réglementation à deux plats, renouvelée plusieurs fois durant la guerre et depuis, n'a gêné personne parce qu'elle était déjà pratiquée en fait. Et même sans faire écho à ces dénigreurs des ouvriers qui les représentent comme se nourrissant de langoustes et de volailles, je crois pouvoir dire que les familles ouvrières, du moins celles qui ne sont pas chargées d'enfants, dépensent plus pour leur table que bon nombre de bourgeois — non seulement proportionnellement à leurs revenus mais souvent en chiffres réels.

Il n'y a que le logement, pour lequel il subsiste encore aujourd'hui, et peut-être même de plus en plus, une pénible différence. Mais il se fait un grand effort social pour l'atténuer.

Voici une autre différence, plus importante encore, qui va s'atténuant. Je disais que ce qui caractérisait la caste c'était l'hérédité de la profession. Or cette différence s'était maintenue jusqu'à présent en ce sens que le fils d'un ouvrier est généralement ouvrier, tandis que le fils du bourgeois prend une profession libérale, ou devient fonctionnaire, ou entre dans l'industrie ou le commerce.

D'où vient cette différence ? C'est parce que, dans la classe ouvrière, l'enfant est obligé de gagner sa vie de bonne heure, au sortir de l'école primaire ; il faut qu'il aille travailler dès l'âge de 13 à 14 ans; il ne peut aller dans les lycées où se forme ce qu'on appelle la classe dirigeante.

Le fils de bourgeois, au contraire, peut vivre sur les revenus de ses parents, ce qui lui permet de ne commencer sa carrière qu'à l'âge de 25 à 30 ans, donc 12 ou 17 ans plus tard que l'enfant ouvrier, et ce qui lui donne ainsi le temps de suivre les cours des Ecoles d'enseignement supérieur, durant 5 ou 6 ans, d'obtenir des diplômes, et d'attendre la clientèle.

Sans doute dans les pays démocratiques on s'efforce d'atténuer cette inégalité en créant des bourses d'études et on peut citer certains cas — mais qui sont plus rares qu'on ne pense et c'est parce qu'ils sont rares qu'on les cite — de fils de la classe ouvrière arrivant aux plus hautes fonctions de la classe bourgeoise, comme le président Lincoln, ou au sommet de la carrière scientifique, comme Pasteur ; de même qu'on voit aussi, quoique ce soit encore plus rare, des fils de bourgeois tomber dans le prolétariat.

Mais la différence de situation n'en reste pas moins générale et le système des bourses n'y apporte qu'une faible atténuation. C'est pourquoi une mesure est à l'ordre du jour en ce moment qui serait de nature à faire disparaître ces différences : c'est ce qu'on a appelé « l'école unique ». Si désormais les enfants de la classe ouvrière et ceux de la classe bourgeoise étaient reçus gratuitement dans les mêmes écoles d'enseignement secondaire ou supérieur, ils pourraient prendre place à leur tour dans la classe dirigeante. Cette réforme serait sans doute très onéreuse pour le budget de l'Etat et entraînerait probablement « un déclassement » qui ne serait pas sans danger. Mais il introduirait dans le problème social un bienfaisant facteur — et le plus propre à écarter la lutte de classes — à savoir l'égalité des chances.

Au reste, ce n'est pas seulement l'école, c'est tout développement démocratique, et même tout nouveau mode d'activité économique, qui en facilitant aux individus les moyens de s'élever, tend à faire disparaître l'esprit de classe et pousse ainsi en sens contraire de l'évolution fatale dogmatisée par Marx.

L'esprit de lutte de classes n'existe pas aux Etats-Unis, malgré les efforts que font les socialistes marxistes pour l'y introduire. Et la preuve c'est que ceux-ci ne cessent de s'en plaindre ! Ils disent : Aux Etats-Unis, il n'y a pas ce que nous appelons la conscience de classe. Pourtant c'est le pays par excellence du capitalisme, des trusts, des archi-milliardaires, des mammouths industriels, mais c'est aussi le pays où les ouvriers sont le plus payés et où il y a le plus de chance pour chacun de faire fortune.

Cette lutte de classes n'est donc pas autre chose que la vieille, et si naturelle querelle entre les riches et les pauvres, entre les gros et les petits. Je sais bien que ses théoriciens protestent contre cette façon de rabaisser leur thèse à un lieu commun. Non, disent-ils, c'est la lutte entre ceux qui possèdent et ceux qui ne possèdent pas, entre les capitalistes et les prolétaires ; ce n'est pas une question de plus ou moins de revenus, mais une différence de statut économique.

Mais pardon ! si l'on y regardait de près, on verrait que la lutte entre les prolétaires et les capitalistes n'existe vraiment qu'autant qu'il y a de grosses inégalités de revenu, car il y a des prolétaires, par exemple les étoiles du cinéma, de la boxe, du tennis, qui peuvent très bien ne posséder aucun capital, tout au moins à leur début, et par conséquent qui devraient être classés comme prolétaires ; mais du jour où ils toucheront quelques milliers de dollars par mois, ou même par heure, ils perdent aussitôt « la conscience de classe » et n'ont assurément aucun esprit de lutte contre les bourgeois — tandis que, inversement, un petit possédant, un petit paysan, un petit capitaliste, peut fort bien être tenté de faire cause commune avec les prolétaires.

Il est à remarquer que si la grande guerre a accru certaines inégalités, si elle a réduit presque à la misère un grand nombre de petits rentiers des classes moyennes, en même temps qu'elle faisait monter au sommet de la fortune un certain nombre d'industriels — d'autre part, elle a eu pour résultat de faire disparaître certaines différenciations de classe, par le fait que les salaires de la classe ouvrière ont augmenté plus que les traitements des petits fonctionnaires, et beaucoup plus, proportionnellement, que ceux des gros fonctionnaires. Par exemple, une famille ouvrière, là où la femme et un des enfants peuvent travailler, ce qui est le cas général, peut gagner 60 à 70 francs par jour, 18 à 20.000 francs par an, salaire supérieur à celui de la plupart des fonctionnaires — car remarquez que ceux-ci n'ont pas à compter sur le gain de la femme.

Dans la classe des fonctionnaires les petits traitements ont été quintuplés, les gros seulement doublés, en sorte qu'entre le haut et le bas de l'échelle la distance est beaucoup moins grande qu'elle n'était avant la guerre.

D'autre part, bon nombre de ceux qu'on classait parmi les possédants, les capitalistes, les rentiers se trouvent ruinés par suite de la dépréciation du franc et des valeurs libellées en francs, ou se trouvent dans une situation très inférieure à celle des ouvriers, dits prolétaires. Faut-il voir là le commencement de la grande expropriation et, par suite, la confirmation de la thèse marxiste ? Non, car le coup qui les frappe ne vient nullement de la concentration des capitaux. Leur déchéance confirmerait plutôt la thèse de Bastiat qui veut montrer le Capital perdant sans cesse de sa valeur en face du Travail qui grandit.

Cette égalisation des conditions tend à faire disparaître aussi certaines différences qui étaient caractéristiques, par exemple le fait d'avoir un domestique; le ménage bourgeois en avait toujours au moins un, le ménage ouvrier n'en avait pas. Eh bien, depuis la guerre, il commence à se faire une certaine égalisation aussi à ce point de vue. L'élévation des salaires industriels, même pour les femmes, a eu pour conséquence que le nombre de jeunes filles disposées à entrer en service diminue de jour en jour et que les gages montent à des prix tels que le ménage bourgeois, dont les revenus au contraire ont diminué, ne peuvent plus trouver de domestiques ni, s'ils en trouvent, les payer. Il y a des ménages de bourgeois aisés ou de fonctionnaires, qui ont supprimé tout domestique où le mari va au marché et où la femme fait le ménage.

Mais admettons, malgré les progrès vers l'égalisation que je viens d'indiquer, que la séparation de classes existe encore aujourd'hui. Soit ! mais séparation de classes ne veut pas dire lutte de classes. Toute séparation n'est pas nécessairement une cause de lutte. La plus typique des distinctions, qui est celle des sexes, n'est pas nécessairement une cause de lutte. Quoique, dans les romans on parle parfois de la lutte des sexes, évidemment cette différence crée plutôt une tendance au rapprochement qu'à la lutte !

Ne pourrait-il en être de même dans la séparation des classes ? S'il est vrai que la lutte pour la vie puisse être érigée en loi biologique, qui s'impose à tous les êtres vivants, il y a aussi un autre principe qui peut être considéré comme une loi biologique, c'est l'aide mutuelle, c'est la solidarité.

Un prince anarchiste, Kropotkine, a fait un beau livre, sous le titre *Mutual Aid*, traduit en français sous le titre l'*Entr'aide*, où il veut démontrer, par de nombreux exemples pris dans la zoologie, que cette aide que se prêtent les êtres vivants les uns aux autres, même dans le règne végétal, a été une cause de progrès, tout aussi bien et mieux que le *struggle for life*, que la lutte pour la vie.

Ne nous hâtons donc pas de conclure du fait de la séparation des classes à la nécessité de la lutte des classes, d'autant moins qu'il ne s'agit nullement ici d'une loi biologique qui remonterait aux origines de la vie sur la terre, mais, comme je l'ai expliqué d'après Karl Marx, à une évolution économique qui ne date que de quelques siècles et à l'éveil d'une « conscience de classe » qui ne date que d'hier.

Cependant, ici encore, nous ne voulons pas nier, même dans l'École de Nîmes, qu'il n'y ait un antagonisme d'intérêts, une lutte, si vous voulez, de tout temps, sous la forme très générale de l'hostilité entre le riche et le pauvre, et depuis trois siècles, depuis la génération du salariat, sous la forme plus précise de la dispute entre ouvriers et patrons.

Mais cette hostilité ne va pas en s'accentuant ; elle est moins inhumaine qu'autrefois.

Aristote, en effet, raconte que dans la ville de Milet, les riches prêtaient ce serment : « Je jure d'être toujours l'ennemi du peuple et de lui faire tout le mal que je pourrai. » (1)

---

(1) Cité par Fustel de Coulanges dans *La Cité Antique*.

Il dit également que dans cette même ville de Milet, les pauvres ayant forcé par l'émeute les riches à s'enfuir, prirent les enfants des riches, les enfermèrent dans une grange et les firent broyer sous les pieds d'un troupeau de bœufs. Et il ajoute que les riches, à leur retour, prirent tous les enfants des pauvres et les firent brûler vifs. Nous n'en sommes plus là tout de même, même au lendemain de la Révolution bolcheviste.

Aujourd'hui il faut remarquer que nos luttes sociales n'ont pas le caractère grandiose que leur prête la théorie marxiste. Ce n'est plus le monde partagé entre deux grandes classes, entre deux armées, chacune groupée sous un drapeau ; ce n'est plus même comme pour la lutte politique, entre deux partis, blancs et rouges, whigs et tories, etc...

Cette lutte-là est engagée d'individu à individu et à tous les degrés de l'échelle sociale. Le grand propriétaire est beaucoup plus jalousé par le petit propriétaire voisin que par le prolétaire qui vient travailler sur son domaine. Et le grand magasin est plus détesté par le petit marchand que par les employés qui vendent dans ses rayons. Et aucune lutte entre ouvrier et patron n'a été plus féroce que celle entre bolchevistes et socialistes-révolutionnaires.

La lutte prend la forme, pour ainsi dire, de duel entre l'ouvrier et le patron, entre le fermier et le propriétaire, entre le créancier et le débiteur, entre le vendeur et l'acheteur. Elle pourrait être exprimée par cette formule d'une éloquence admirable de Fourier : « La hiérarchie sociale est construite sur une double échelle : échelle ascendante de haines, échelle descendante de mépris. »

Et la lutte entre le producteur et le consommateur l'oublierons nous, alors qu'à l'heure actuelle elle est devenue si aiguë par suite de la dépréciation de la monnaie et de la hausse des prix ? Or c'est ici précisément que nous touchons la véritable raison pour laquelle l'Ecole coopérative ne peut entrer dans la lutte de classes.

La lutte de classes, telle que la définissent les marxistes et les socialistes, c'est la lutte entre le patron et l'ouvrier, je viens de le dire, entre le capital et le travail. Or, ce n'est pas sur ce plan là que se pose la coopération de consommation ; ce n'est pas à cette lutte-là qu'elle correspond. Elle regarde à l'exploitation du consommateur par le producteur, que ce soit le marchand ou que ce soit le fabricant. C'est le consommateur qu'elle veut libérer ; et si l'on veut parler de lutte, la lutte qui la préoccupe est celle du consommateur contre le producteur.

Quand donc les socialistes nous mettent en demeure de prendre parti dans la lutte de classes en nous disant : « Il faut prendre place ou d'un côté de la barricade ou de l'autre » (1) nous répondons : Cet appel n'a aucun sens pour nous, car les ouvriers sont aussi des consommateurs et par conséquent la classe ouvrière se trouve des deux côtés de la barricade. Elle a intérêt à ce que ce conflit entre producteurs et consommateurs soit résolu de la façon la plus juste, parce que s'il y a une injustice, elle est appelée à en supporter les conséquences, non seulement comme ouvriers-producteurs, mais comme grande masse de consommateurs.

Mais si tous les ouvriers sont des consommateurs, la réciproque n'est pas vraie : tous les consommateurs ne sont pas des ouvriers ! Les ouvriers ne forment même pas la majorité de la nation : ils n'en sont qu'une fraction.

Et comment la coopération de consommation pourrait-elle s'associer à l'idée de lutte de classes, alors que le mot de consommateur exclut toutes caractéristiques de classe ? Toutes les divisions d'âge, de sexe, de profession, de fortune disparaissent.

Que la consommation soit plus ou moins importante, suivant les revenus, c'est évident. Mais ce n'est qu'une différence quantitative et non une différence qualitative. Les consommateurs, qu'ils soient ouvriers ou bourgeois, ont ici les mêmes intérêts à défendre; je dirai même que les riches sont plus exploités que les pauvres par les marchands. On répondra qu'ils peuvent mieux subir cette exploitation; ce n'est pas la question : nous ne devons pas, quand nous défendons les droits de l'homme, nous demander s'il mérite plus ou moins d'être défendu, selon qu'il est plus riche ou plus pauvre ou selon qu'il est plus ou moins en mesure de se défendre.

Les intellectuels qui préconisent la lutte de classes, flagorneurs de la classe ouvrière, cherchent à la persuader qu'elle

(1) Dans la lutte entre le capital et le prolétariat, il n'est possible de prendre qu'une seule position déterminée : « à l'un des deux côtés de la barricade ou à l'autre ».

Résolution de la première *Conférence Internationale des communistes coopérateurs.)*

est tout. Mais c'est une erreur. Les insuccès de toutes les tentatives de grève générale jusqu'à ce jour le montrent assez.

Jaurès lui-même avait déjà mis en garde les ouvriers contre l'illusion de la grève générale. Il prédit qu'elle sera impuissante et montre par quelle cause : parce que la classe bourgeoise saura supporter les privations qui pourront résulter de l'interruption de travail, et même saura s'organiser de façon à remplacer les travailleurs qui se refusent (1). Et du reste Georges Sorel lui-même, qui a fait une auréole à la grève générale, ne la présente que comme « un mythe » régénérateur, à peu près ce qu'était le millenium pour les chrétiens des premiers âges.

Néanmoins on ne peut contester qu'il y a un redoutable conflit, de quelque nom qu'on veuille le qualifier, et dès lors quels sont les moyens que l'école de Nîmes, et d'une façon plus générale que la coopération neutre, suggère pour abolir ou pour apaiser ce conflit ?

C'est ce qui nous reste à voir.

CHAPITRE VI

L'ASSOCIATION DU CAPITAL ET DU TRAVAIL

Si on rejette la doctrine de la lutte de classes et la solution révolutionnaire qu'elle comporte, que peut-on proposer à la place ?

Les uns, qui sont les économistes de l'école libérale, ne proposent rien du tout et déclarent qu'il n'y a qu'à laisser agir les activités individuelles, en les débarrassant de toute entrave, c'est la solution démocratique dont nous avons parlé dans le chapitre précédent à propos des Etats-Unis. Mais

---

(1) *Etudes Socialistes*, pp. 98 à 121.

Les arguments que fait valoir Jaurès se sont trouvés singulièrement confirmés depuis lors :

par la facilité relative avec laquelle la nation a supporté l'interruption du travail durant la grande guerre ;

par la création des Unions Civiques destinées à pourvoir à l'éventualité de la grève des services publics ;

par l'échec éclatant en Angleterre de la grève générale de juin 1926, qui n'a eu d'autre résultat que de montrer quelle force de résistance il y avait dans la classe dite bourgeoise.

l'Ecole de Nîmes ne croit pas qu'elle soit suffisante pour assurer la justice et la paix.

D'autres, prenant la contre-partie de la doctrine de la lutte de classes, cherchent la solution dans le sens opposé, dans la réconciliation des classes, ou, puisque ces classes antagonistes sont celles des capitalistes et des travailleurs, disons de façon plus précise : dans l'union du Capital et du Travail. Cette union peut se réaliser sous la forme dite de participation aux bénéfices ou sous celle, plus serrée au point de vue juridique, de société en participation ouvrière.

On a dit que cette solution était celle préconisée par l'Ecole de Nîmes. Dans un article que nous avons cité au début du chapitre précédent, c'est sous cet aspect que le secrétaire de la Coopération socialiste présentait le programme de l'Ecole de Nîmes; et il ajoutait que c'était exactement le programme des Jaunes, faisant allusion par là à un mouvement syndical dirigé par Biétry et un industriel du Doubs, M. Japy, qui visait à réconcilier les ouvriers syndiqués et les industriels dans une sorte de co-propriété des usines.

Cette façon de présenter le programme de l'école de Nîmes est inexacte, car celle-ci va fort au-delà : ce qu'elle veut ce n'est pas un mariage entre le Capital et le Travail, c'est un régime économique nouveau dans lequel le Capital et le Travail seront au service du consommateur.

Néanmoins il vaut la peine de s'arrêter un peu sur cette solution, car en effet elle était chère à de Boyve et plus encore à son ami Charles Robert qui a été un des secrétaires de l'Union Coopérative de la rue Christine (voir ci-dessus p. 52) et en même temps le plus fervent apôtre de la participation aux bénéfices. Il était naturel qu'il associât, dans son apostolat, ces deux mouvements.

Il serait inexact, au reste, de présenter cette solution comme exclusivement bourgeoise ou jaune. Elle n'était pas alors rejetée ni méprisée par les révolutionnaires de 1848, ni par les ouvriers.

Par exemple, Ledru-Rollin, qui fut un épouvantail pour la classe bourgeoise du temps de Louis-Philippe, écrivait : « l'association du Capital et du Travail sera le symbole économique de notre siècle. » Et en 1866, à un congrès ouvrier de Genève, le délégué français disait :

« Travail et Capital sont deux termes identiques, représentant une seule et même chose, mais à des instants différents. Le travail d'aujourd'hui, non consommé, sera le capital de demain. »

Et sans doute faudrait-il ajouter pour la symétrie de la phrase : et le Capital d'aujourd'hui est le Travail d'hier.

Or du moment qu'on admet que Capital et Travail c'est identique, on est logiquement conduit à la possibilité et même à la nécessité de les associer dans l'entreprise économique.

§ 1. — La participation aux bénéfices.

La participation aux bénéfices avait été découverte, si l'on peut employer ce mot quand il s'agit d'une institution sociale, par un industriel, peintre en bâtiment, Leclaire, quarante ans déjà avant la naissance de l'école de Nîmes. Mais ce fut surtout Charles Robert qui l'éleva au premier rang comme solution définitive de la question sociale, lui découvrit des vertus singulières et innombrables et la présenta comme la solution définitive de la question sociale. Il avait fondé une « société pour l'étude de la participation aux bénéfices », qui existe encore aujourd'hui et qui compte de chaleureux partisans.

Jusqu'à la fin du siècle dernier la participation a occupé la place d'honneur dans toutes les Expositions d'Economie Sociale.

Quelles étaient donc ces vertus ? D'abord de remettre le capital et le travail à leur véritable place dans l'ordre économique, car puisque dans tous les traités d'économie politique on enseigne que le capital et le travail sont les deux facteurs de la production, il est juste qu'ils soient associés aussi dans la répartition, tandis qu'actuellement c'est le capital qui prend tout : et pourtant dans la création des richesses il n'est pas supérieur au travail puisque lui-même est évidemment créé par le travail. C'est le fils qui a détrôné le père.

Puisqu'ils sont inséparables dans la production, qu'ils le soient dans la répartition ! De cette façon le salarié deviendra associé.

Et par là, cette formule, répétée chaque jour encore dans toutes les réunions publiques, qui résume l'histoire du travail en trois étapes, l'esclavage, le servage et le salariat — se trouvera complétée par une quatrième étape, celle du travail associé, qui celle-ci sans doute, sera définitive, car on ne voit pas ce qu'on pourrait trouver après.

Cette solution devait avoir pour effet de mettre fin à tous les conflits, notamment aux grèves. Dans une entreprise qui pratique la participation aux bénéfices, pourquoi l'ouvrier se mettrait-il en grève ? La grève ne pourrait avoir d'autre résultat que de diminuer les bénéfices ; l'ouvrier se mettrait donc en grève contre lui-même.

Ce n'est pas seulement au procès entre le capital et le travail que la participation aux bénéfices semblait devoir mettre un terme, c'est aussi à d'autres effets fâcheux inhérents au régime du salariat : notamment à la stérilisation croissante du travail. Le travailleur, étant de plus en plus convaincu que tout effort ou initiative productive de sa part ne servira qu'à enrichir le patron, sans augmenter son salaire et peut-être même en le diminuant, se butte à cette idée et se refuse à travailler pour un maître, à enrichir son patron, réduisant volontairement son rendement, ou même sabotant l'ouvrage et faisant, comme on dit, la grève perlée.

Eh bien, du jour où l'ouvrier se trouve associé aux bénéfices, il a intérêt à porter le rendement au maximum. Au lieu de ralentir son travail il l'intensifie et il s'efforce d'éviter le gaspillage de la matière première, aussi bien que celle de la main-d'œuvre. Car s'il n'est pas au pouvoir de l'ouvrier d'augmenter les bénéfices en vendant mieux, il peut du moins les augmenter en réduisant le coût de production.

Quoi encore ? La participation fera disparaître ce contraste douloureux de patrons s'enrichissant de père en fils, tandis que dans la même maison, de père en fils, les salariés restent pauvres. Eh bien, avec la participation, ils feront fortune ensemble.

Signalons encore, sans épuiser la liste des vertus qu'on prêtait à la participation aux bénéfices, les facilités qu'elle ouvre à l'épargne ouvrière ; la participation étant payée non pas au jour le jour ou chaque quinzaine, comme le salaire, mais à la fin de l'année, sous forme d'une somme ronde, d'une recette extraordinaire, toute prête à être portée à la caisse d'épargne ou à parer à quelque dépense imprévue.

Oui, tout cela était un beau rêve et toute une génération s'en est enchantée pendant une trentaine d'années. Mais aujourd'hui, on en est bien revenu. Et pourquoi ? C'est parce que cette solution, si séduisante au premier abord s'est heurtée à des oppositions violentes de tous les côtés.

D'abord, cela va sans dire, du côté socialiste. Les socialistes ne peuvent voir d'un bon œil un système qui est présenté comme ayant précisément pour but, et ses protagonistes ne s'en cachent pas, de détacher les ouvriers du syndicalisme militant pour les transformer en associés du patron, de l'ennemi. Chaque ouvrier entré dans la maison qui pratique la participation est considéré comme un transfuge, un déserteur, pour son parti. Ce n'est pas seulement une question de tactique: c'est aussi une question de doctrine. En effet, quelle est la thèse collectiviste ? C'est que le profit n'est qu'une spoliation de l'ouvrier. C'est la thèse que Karl Marx a développée avec une dialectique éclatante dans son livre sur le Capital.

Le profit, le bénéfice, c'est une partie de la richesse créée par le travail de l'ouvrier qui ne lui est pas payé, une partie de sa chair, peut-on dire, qui lui est enlevée (1).

Et voici que l'École de la Participation vient proposer aux ouvriers de leur rendre une minime partie de ce bénéfice volé moyennant que celui-ci se déclarera satisfait !

Vous avez affaire à un voleur qui vous a dépouillé de votre bourse et qui vient vous dire : Nous allons partager, je vous en rendrai une partie; mais alors, ce que je garde sera légitimé. C'est une opération qui se fait quelquefois : en Algérie quand les Arabes ont volé le troupeau d'un colon, ils envoient un messager dire au colon : tu vas me donner tant et je te restituerai le troupeau, moyennant quoi tu te tiendras pour satisfait et ne porteras pas plainte. Et il accepte généralement, crainte de tout perdre. Mais la classe ouvrière doit se montrer plus courageuse et refuser cette lâche transaction.

On dit que l'ouvrier, grâce à la participation aux bénéfices, pourra s'enrichir en suivant la fortune du patron. Mais c'est là le pire au point de vue socialiste ! Si l'on avait établi la participation aux bénéfices dans les mines d'Anzin, les ouvriers seraient devenus riches, il est vrai, et sans doute auraient cédé la bonne place à d'autres qui auraient fait de même. En sorte que chaque entreprise qui réussirait deviendrait une pépinière de capitalistes.

(1) Voir l'exposé de cette thèse dans le cours sur *La Lutte pour le profit*, brochure II.

Quant à l'argument que la participation serait un stimulant pour le travail, les socialistes disent qu'il ne fait que dévoiler ce qu'il y a d'hypocrisie dans la participation aux bénéfices. La participation c'est dire à l'ouvrier : Je te donnerai 10 % en plus de ton salaire, mais je compte bien que tu fourniras un supplément qui me remboursera ces 10 % et plus encore ! On tend ainsi à l'ouvrier un appât pour le forcer à produire davantage et par là même à augmenter le bénéfice du patron.

Enfin quant à faciliter l'épargne de l'ouvrier, c'est là une vertu bourgeoise dont les socialistes et la classe ouvrière ne veulent plus entendre parler (1). Les ouvriers ne veulent pas faire d'épargne, même ceux d'aujourd'hui qui gagnent des salaires de 25, 30 et quelquefois 40 francs par jour. La plupart consomment ce qu'ils gagnent. Les meilleurs donnent le surplus à leur syndicat, ou à leur parti ou même parfois par esprit de solidarité à ceux d'entre eux qui ne peuvent plus gagner leur vie.

Cette hostilité des socialistes contre la participation aux bénéfices aurait du avoir pour effet, semble-t-il, de le rendre sympathique aux patrons. Mais tant s'en faut ! Il y a bien eu, au début, non seulement en France mais dans les autres pays, un certain nombre d'industriels qui, soit par philanthropie parce qu'ils étaient touchés par les arguments que je viens de résumer, soit par intérêt, parce qu'ils espéraient y trouver une espèce d'assurance contre la grève, ont mis en pratique la participation aux bénéfices.

A un certain moment, vers 1880, on comptait dans le monde à peu près 500 maisons pratiquant la participation aux bénéfices. Ce n'était pas beaucoup, mais c'était quelque chose.

Mais ce chiffre-là n'a fait que diminuer. En 1893, il n'était plus que de 335 (dont près de la moitié, 145, en France) et en 1911, un peu avant la guerre, on en comptait 324 (dont seulement 114 en France) (2).

Si l'on place cette évolution régressive en regard de toutes les autres institutions sociales : coopération, syndicalisme,

---

(1) Il faudrait peut-être faire exception pour ceux qui sont membres de sociétés coopératives.

(2) En Angleterre, les résultats sont un peu plus satisfaisants. En 1910, le nombre de maisons pratiquant la participation était de 117, en 1925 il s'élève à 246.

mutualisme, législation ouvrière, on est bien obligé de conclure que la participation aux bénéfices est un échec.

Pourquoi donc les patrons se sont-ils découragés ?

Parce que la participation aux bénéfices, d'une façon générale, n'a pas tenu ses promesses.

Sans doute les participationnistes peuvent citer quelques maisons dans lesquelles la participation a donné tous les résultats espérés, où la paix sociale a régné, où il n'y a pas eu de grèves, où les ouvriers sont contents et travaillent bien.

Mais ces maisons sont très rares. Elles ne se trouvent guère que dans certaines régions où s'est conservé l'esprit d'autrefois, « le bon esprit », comme on disait, c'est-à-dire chez les ouvriers la confiance et l'obéissance, et chez les patrons, un sentiment paternel pour leurs ouvriers.

Quand on a demandé aux maisons qui avaient essayé de la participation pourquoi elles y avaient renoncé, elles ont répondu généralement que c'est parce qu'elle n'avait eu aucun résultat pour le travail des ouvriers. Ils ne s'appliquaient pas mieux et ne témoignaient aucune reconnaissance.

Et c'est propablement vrai, mais il est facile de s'expliquer pourquoi l'état d'esprit des ouvriers n'était guère modifié.

C'est d'abord parce que cette participation aux bénéfices était vraiment peu de chose.

Quand on nous montrait tout à l'heure la fortune de l'ouvrier et celle du patron montant parallèlement, c'étaient des phrases. En réalité, si nous prenons les maisons qui pratiquent la participation aux bénéfices, nous voyons que cette participation est généralement de 5 ou 10 % sur le bénéfice — ce qui ne représente qu'une majoration encore moindre pour le salaire (1); c'est-à-dire que ce n'est, à la fin de l'année, qu'une espèce de pourboire, ou si vous voulez, de gratification. Elle est même moindre que celle en usage aujourd'hui dans un bon nombre de maisons qui donnent un mois de salaire, ce qui représente 8,3 pour 100, donc plus que la moyenne des maisons pratiquant la participation.

La participation dans ces conditions n'est plus une transformation du salariat, mais, comme l'a dit Leroy-Beaulieu par une expression pittoresque, « un condiment du salariat. »

(1) En Angleterre où nous avons des statistiques mieux tenues, le pourcentage moyen sur le salaire est de 5,8 p. 100 (en 1925).

L'ouvrier se dit : il suffirait d'une grève heureuse pour faire augmenter le salaire dans des proportions bien supérieures à la participation aux bénéfices. Et il y a beaucoup d'ouvriers qui disent au patron : Au lieu de nous donner cette participation, vous feriez mieux d'augmenter d'autant notre salaire.

Si l'on veut que la participation soit prise au sérieux et donne l'impression d'une association véritable, il faudrait que les bénéfices fussent partagés par moitié entre le Travail et le Capital — après prélèvement par celui-ci de l'intérêt et de l'amortissement. Or ceci n'existe nulle part en France.

En second lieu, la participation aux bénéfices n'exerce aucun effet stimulant sur les ouvriers parce qu'elle est collective, et il n'y a que la rémunération individuelle qui puisse stimuler le travail individuel.

Dans une fabrique ou une entreprise qui compte 100 ouvriers et où une participation collective de 10 % des bénéfices est répartie entre ces ouvriers, pourquoi chacun de ces ouvriers serait-il tenté de fournir un effort supplémentaire ? Chacun d'eux se dit : A quoi bon m'évertuer ? il ne m'en reviendra que le centième si mes camarades ne font pas un effort équivalent ; au contraire, si je ne fais rien mais que mes camarades soient assez bons pour fournir un effort supplémentaire, je toucherai la même participation.

Au reste, ce que réclament les ouvriers aujourd'hui, ce n'est pas une part des bénéfices, c'est la participation au contrôle, comme on dit, c'est-à-dire à l'administration, à la direction de l'entreprise à laquelle ils collaborent.

Or, la participation aux bénéfices ne leur donne aucune part au gouvernement de l'entreprise. Et c'est pourquoi il y a sinon une bonne part de grandiloquence dans cette thèse qui présente la participation aux bénéfices comme une forme toute nouvelle dans l'organisation du travail, comme une réconciliation entre ces deux vieux adversaires, le Travail et le Capital.

Non, il n'y a pas association au sens juridique de ce mot dans la participation aux bénéfices ; le patron reste le seul maître de son entreprise, et l'ouvrier reste un salarié. Les participationnistes le reconnaissent eux-mêmes.

Ainsi donc, entre les anathèmes du socialisme d'une part,

et l'indifférence des ouvriers, la mauvaise grâce des patrons, d'autre part, il n'est pas étonnant que la participation reste à l'état d'exception.

§ 2. — La société en participation ouvrière.

Cependant, elle n'a pas perdu tous ses partisans : elle en compte encore, notamment dans les régions officielles.

Déjà même avant la guerre, surtout dans la période qui l'a immédiatement précédée, de 1911 à 1914, tous les hommes d'Etat ont eu pour *leitmotiv*, dans leurs discours officiels, la participation aux bénéfices. MM. Briand, Viviani, Paul Deschanel, Clemenceau lui-même, toutes les fois qu'ils faisaient des discours dans les milieux ouvriers, parlaient de la participation.

Après la guerre, en face de l'irritation croissante de la classe ouvrière contre le régime du salariat, les gouvernants ont cherché quelque chose — et quoi d'autre que la participation ?

Seulement, ils ont été amenés à chercher une forme qui pût répondre mieux aux revendications nouvelles des ouvriers.

Au lieu de la participation aux bénéfices, on a cherché à constituer une société au sens juridique du mot, qui mît les ouvriers sur le même pied que les actionnaires capitalistes, avec les mêmes droits, non seulement celui de toucher les dividendes, mais aussi celui d'être électeur et éligible dans les assemblées générales.

Et pour cela, on a promulgué la loi dite « des sociétés à participation ouvrière ». Qu'est-ce donc que la société à participation ouvrière ?

C'est une société dans laquelle une partie du capital est réservée aux ouvriers. Naturellement, elle ne peut s'appliquer qu'aux entreprises sous forme de sociétés par actions ; mais celles-ci embrassent toute la grande industrie.

Seulement il y a de grosses difficultés.

D'abord, difficultés juridiques mais que je laisse de côté ; nous ne sommes pas ici dans une Faculté de Droit (1).

Difficultés aussi d'ordre économique.

Comment se fera l'attribution de ces actions aux ouvriers de l'entreprise ? Leur dira-t-on de les acheter ? Mais ils n'ont

(1) Voir le livre de Jean Granier (mort à la guerre), *Les Actions du Travail*, gros volume où toutes les difficultés d'ordre juridique sont longuement étudiées.

pas d'argent ; et même s'ils avaient des économies, ils préféreraient les placer n'importe où plutôt que de les placer dans la maison du patron.

Ici encore, cependant, on peut signaler quelques exceptions : quelques maisons modèles où les ouvriers ont acquis des actions dans la maison patronale ; on les rencontre en Alsace, dans le territoire de Belfort, où se sont conservées encore certaines traditions patriarcales. Mais il n'y a guère à compter que cet exemple se généralise.

Il faut donc recourir à un autre moyen. On peut se servir de la participation aux bénéfices comme introduction. Au lieu de verser à l'ouvrier, à la fin de l'année, sa part de bénéfices, on lui dit : Nous inscrivons cette somme à votre crédit, pour la libération des actions, et dès qu'elle sera suffisante, vous serez actionnaire sans avoir rien eu à payer en argent ; mais vous aurez payé par votre travail.

Mais la participation aux bénéfices, qui n'avait déjà pas beaucoup d'attrait pour l'ouvrier quand elle était payée en espèces, n'en aura plus du tout quand l'ouvrier n'y verra plus qu'un moyen de l'enrôler dans la maison comme actionnaire. Ce ne sera pas la participation aux bénéfices qui amorcera l'actionnariat ouvrier, ce sera au contraire l'actionnariat ouvrier qui achèvera de discréditer la participation aux bénéfices !

Il ne reste donc qu'une ressource ; c'est d'attribuer aux ouvriers les actions à titre gratuit ! C'est ce que fait la loi sur la participation ouvrière. C'est ce que les Anglais nomment la *copartnership* comme réalisant la vraie coopération du capital et du travail, le *profit sharing* (participation simple aux bénéfices) n'étant que le premier degré.

D'après cette loi, toutes les fois qu'une entreprise se crée sous la forme de société par actions, elle peut émettre une partie de son capital sous la forme d'actions de travail, 1/4, 1/10e seulement si elle veut. Ces actions de travail ne seront pas souscrites ; elles seront attribuées aux ouvriers qui deviendront actionnaires d'office sur le même pied que les actionnaires qui auront payé.

Seulement, une nouvelle difficulté se pose. Comment se fera cette attribution d'actions ? Sera-t-elle individuelle ou collective ? En d'autres termes, chaque fois qu'un ouvrier est embauché dans l'usine, lui remettra-t-on un titre à son nom, qui deviendra sa propriété personnelle, qu'il pourra vendre ou transmettre à ses héritiers, comme celui que l'actionnaire ordinaire place dans son portefeuille ? Evidemment, si on cherche un stimulant, ce serait le meilleur. Seulement, on trouve tout de même un peu gros de donner ainsi gratuitement un titre définitif à l'ouvrier. Et s'il part dans huit jours ? Dira-t-on qu'en ce cas il devra céder l'action à son remplaçant, et qu'ainsi l'action circulera indéfiniment d'un ouvrier à l'autre ? Et quand l'ouvrier mourra, ou sera mis à la retraite, son action passera-t-elle à son successeur ?

Le législateur a si bien senti la difficulté qu'il a renoncé à l'attribution individuelle ; il a décidé que les actions appartiendraient collectivement à tous les ouvriers de l'entreprise groupés en une association spéciale, accolée au flanc de la société capitaliste. Elle possèdera 20, 30, 100 actions de l'entreprise et elle en touchera les bénéfices. Ils seront répartis entre les ouvriers qui seront présents au jour de la répartition.

Alors ce système ne diffère plus guère de la participation ordinaire. Il n'y a plus entre les mains de l'ouvrier une action, une part de capital. Tout l'effet stimulant qu'on attendait de la propriété s'évanouit.

Du moins répond-il à cette revendication des ouvriers dont je parlais tout à l'heure, c'est-à-dire leur donne-t-il ce droit de contrôle auquel ils aspirent ? Admettra-t-on dans les assemblées de la société le personnel ouvrier, au même titre que les actionnaires ? Nullement ! Aucune entreprise ne pourrait marcher si, au jour de l'assemblée générale, tout le personnel ouvrier était là pour venir se disputer avec les actionnaires capitalistes ! Aussi la loi a-t-elle prévu que la collectivité ouvrière aurait le droit d'envoyer à l'assemblée générale seulement deux ou trois délégués.

Vous voyez que ce régime n'est pas fait pour tenter beaucoup les ouvriers. Et encore bien moins les patrons. Aussi n'a-t-elle eu aucun succès ; encore moins que la participation ordinaire. Depuis une dizaine d'années que la loi est votée, on cite comme des curiosités sept ou huit maisons qui ont introduit ce système de la société à participation ouvrière (1).

---

(1) Mais il en est autrement aux Etats-Unis. D'après un livre qui vient de paraître, le nombre d'entreprises industrielles qui ont été rachetées, en tout ou en partie, par leurs propres ouvriers ou employés, se chiffre par centaines, et les actions ou parts devenues

Il reste une solution qu'on pourrait qualifier de désespérée ; celle de rendre obligatoire la participation aux bénéfices et l'actionnariat ouvrier.

On a, en effet, déposé plusieurs fois à la Chambre des projets de loi tendant à décréter l'obligation de la participation; toutefois on n'a pas osé donner à ces propositions un caractère général ; l'obligation n'existerait que dans les entreprises de services publics, celles qui sont concédées par l'Etat ou les municipalités. On peut dire en effet : l'Etat, qui impose des clauses plus ou moins rigoureuses dans les cahiers des charges, peut bien imposer aussi la participation aux bénéfices et l'actionnariat ouvrier.

Cela n'a pas été fait jusqu'à présent, mais il est possible qu'on le fasse.

Mais qu'attendre d'un régime par lequel les ouvriers se trouveraient ainsi associés à l'entreprise malgré eux et malgré les patrons ? Et quelle singulière réconciliation que ce mariage forcé !

Est-ce à dire que la participation soit définitivement enterrée et qu'avec elle toute chance d'union entre le Travail et le Capital le soit aussi ? Non : à la Confédération Générale du Travail nous avons entendu nous-même ses leaders exprimer le désir d'étudier la question sans parti pris. Nous pensons en effet qu'elle n'aura de chance d'être acceptée par la classe ouvrière qu'autant qu'elle sera contrôlée par les syndicats.

Mais les bons résultats qu'on en attendait se trouveront plutôt, croyons nous, dans un mode nouveau d'organisation du travail qui est la coopération de main-d'œuvre.

Dans ce système les ouvriers d'une même fabrique sont répartis par groupes, par équipes, et chaque groupe constitue comme une sorte de petite entreprise dans le sein de l'entreprise générale. Elle traite avec la maison pour un travail déterminé, comme fait l'entrepreneur pour un travail concédé

---

ainsi la propriété des ouvriers, montent à près de 1 milliard de dollars.

Mais ces actions ont été achetées par les ouvriers par la voie ordinaire et non par la voie préalable de la participation aux bénéfices, encore moins par l'attribution gratuite. Et, bien entendu, les ouvriers ayant payé ces actions les possèdent à titre individuel et définitif.

C'est la preuve qu'aux Etats-Unis l'ouvrier ne craint pas de devenir l'associé du patron : la mentalité de la classe ouvrière est toute différente ; elle est déjà capitaliste.

par l'État ou par une municipalité ; c'est à elle à se débrouiller pour exécuter le travail aussi économiquement que possible et gagner la différence entre le prix convenu et le prix de revient. C'est une sorte de participation non aux bénéfices généraux, mais à l'économie sur le coût de production — et à raison du petit nombre de participants ici le stimulant est très efficace, en même temps que l'ouvrier se sent plus indépendant. C'est déjà presque l'abolition du salariat, une association coopérative de travail (1).

Au reste, arrivé au terme de cette enquête il ne faut pas trop nous étonner si nous n'avons pas trouvé de solution. Nous ne croyons pas que la paix sociale, non plus d'ailleurs que la paix internationale, puisse résulter d'une organisation économique simplement, car celle-ci ne peut agir que sur les intérêts et non sur les sentiments.

CHAPITRE VII

LE CAPITAL ET LE TRAVAIL AU SERVICE DU CONSOMMATEUR

§ 1. — Le Capital au service du Travail. L'abolition du salariat.

L'association du Capital et du Travail ne nous paraît pas chose facile. Serait-il plus aisé d'intervertir l'ordre des choses actuel et au lieu que le Travail soit au service du Capital, de mettre le Capital au service du Travail ?

Ce serait du moins, semble-t-il, plus conforme à la justice et même à la vérité économique, car enfin le travail c'est l'homme, et le capital ce n'est qu'une chose, soit un instrument, soit un sac d'argent. Il paraît absurde, même immoral de les mettre sur le même pied et de vouloir former entr'eux une association, voire un mariage. Le Capital a pour origine le Travail, et pour destination de servir directement au Travail. Qu'il se remette modestement à sa place.

Ceci serait ce qu'on nomme plus brièvement l'abolition du

---

(1) Voir pour plus de détails le livre de Dubreuil, *La République industrielle*.

salariat, mot d'ordre qui revient à chaque instant non seulement dans les manifestes du parti socialiste et des congrès syndicalistes, mais aussi dans le programme du parti dit radical-socialiste.

L'Ecole de Nîmes ne s'est pas refusée à envisager cette solution radicale; elle s'y est si peu refusée que la première fois que j'ai eu à exposer son programme, au Congrès de Lyon de 1886, j'ai conclu en affirmant que le mouvement coopératif devait se donner pour but l'abolition du salariat ; et en cela je me faisais le fidèle interprète de son programme. Cette déclaration n'avait pas passé inaperçue, car elle n'était pas alors aussi banale qu'aujourd'hui et elle avait suscité de violentes critiques de la part des économistes classiques, et notamment de celui qui était alors leur chef, Paul Leroy-Beaulieu.

Tout en la maintenant, j'ai dû cependant, après près d'un demi-siècle de réflexions, reconnaître que cette formule était un peu simpliste et qu'elle comportait en tout cas de nombreuses corrections.

Quels seraient donc les moyens d'arriver à cette solution radicale que serait l'abolition du salariat ?

Par l'exposé sommaire de la doctrine marxiste que nous avons donné, nous avons vu que le salariat serait l'unique cause de la lutte des classes parce qu'il serait le résultat de la séparation du Capital et du Travail, ou, comme on dit, de l'expropriation des travailleurs autonomes par les possédants.

En admettant cette explication historique, ne pourrait-on réparer le mal, en restituant au travailleur, devenu simple salarié, les instruments de son travail — sans avoir besoin de recourir à la Révolution ?

Économistes et socialistes, si rarement d'accord, le sont cette fois pour répondre : c'est impossible. On ne remonte pas le cours de l'histoire. Rendre au travailleur la propriété individuelle de ses instruments de travail, ainsi que du produit de son travail, cela veut dire ressusciter la petite industrie. Or elle est incompatible avec les conditions économiques actuelles il est superflu de le démontrer : c'est l'abécé de l'enseignement économique.

Pourtant nous ferons remarquer qu'il est un domaine, un vaste domaine, celui de la production agricole, dans lequel nous voyons actuellement cette absurdité économique en voie de réalisation : la terre remise entre les mains du travailleur et par suite le salariat aboli. Dans toute l'Europe orientale, depuis la guerre, dans douze ou treize Etats, de la Russie jusqu'à la Tchéco-Slovaquie, de la Lithuanie jusqu'à la Grèce, partout une législation agraire récente a exproprié les grands domaines afin de créer une classe de paysans qui possèderont la terre, comme la possèdent une grande partie des paysans français, semant, labourant et récoltant pour leur propre compte.

Il y a là une révolution qui en tout autre temps aurait profondément ému l'opinion publique. Si celle-ci est restée indifférente, c'est parce que, depuis la guerre, il y a eu de tels bouleversements que l'expropriation, dont les effets cependant dureront plus longtemps que ceux de la guerre, a passé quasi inaperçu.

L'Ecole marxiste, et même les économistes de l'Ecole libérale classique, avaient dit que l'avenir était à la grande production agricole; que nous verrions de jour en jour l'expropriation des petits cultivateurs par les grands.

Eh bien ! voilà un démenti éclatant donné par les événements actuels à cette prévision. Et ce n'est pas peu de chose, car la population agricole représente dans certains pays la majorité et en tout cas une grosse partie de la population salariée, de ceux qu'on appelait les prolétaires.

On nous répondra sans doute qu'en tout cas la Coopération n'a pas à tirer argument de cette révolution, car elle n'y est pour rien. Oui, mais c'est elle qui est destinée à la compléter et à la corriger en associant ces nouveaux propriétaires dans des associations agricoles qui leur éviteront de retomber dans l'individualisme féroce et la routine de la propriété paysanne d'autrefois (1).

Si nous passons de l'agriculture à l'industrie, je reconnais, en effet, qu'ici nous sommes sur un terrain beaucoup moins favorable et que la thèse marxiste de la concentration et de l'expropriation des petits par les gros, que la généralisation du salariat par la disparition des producteurs autonomes, semble irréfutable. Elle est même en pleine réalisation dans le commerce et l'industrie.

Que de petits marchands ont du fermer boutique par la

(1) Voir le Cours sur *Les Associations Agricoles*, chapitre dernier.

concurrence des grands magasins et même par les coopératives ! que de petits ateliers qui ont été éliminés par les fabriques ! Oui, mais d'autre part on voit naître çà et là de petites entreprises nouvelles; ce n'est pas un cimetière que le domaine de la petite industrie, il y a encore beaucoup de vie.

Pour voir vivre la petite industrie, il n'y a qu'à regarder dans la rue : dans toutes les villes, même dans les villages, il se crée de petits ateliers de réparations et d'entretien d'automobiles ou de bicyclettes. Les fabriques d'appareils de télégraphie sans fil, de téléphones, de phonographes, se multiplient.

Le cinéma qui prend un si prodigieux développement, ne relève pas uniquement de la grande industrie. Il y a de grandes industries pour la fabrication des films, mais on en trouve aussi de petites.

Donc, le divorce entre le capital et le travail, qui constitue le salariat, ne tend pas à devenir universel. Il y a encore et il semble qu'il doive y avoir toujours une certaine place pour les travailleurs libres en dehors de la classe des prolétaires — et l'Ecole de Nîmes, au lieu d'attendre et de prédire leur fin, les regarde avec sympathie et accueille volontiers tout ce qui semble de nature à prolonger leur existence; hormis pourtant pour ceux dont la fonction lui paraît être parasitaire.

Nous ne sommes pas de ceux qui — comme la plupart des socialistes marxistes et même des économistes classiques — voient la société future uniquement sous la forme d'entreprises colossales de trusts ou du moins de sociétés anonymes. Nous espérons qu'il y aura dans la société future quelques jardins réservés pour l'entreprise individuelle, soit sous la forme individuelle proprement dite, soit sous la forme d'associations de production.

Il nous semble même que c'est désirable, non seulement au point de vue de la paix sociale mais au point de vue du progrès industriel économique. Car tout ce qu'on appelle « la nouveauté », d'un mot souvent employé dans le commerce, c'est dans la petite industrie ou dans l'entreprise individuelle qu'elle naît, beaucoup plus que dans ces grandes machines bureaucratisées que sont les grandes industries ou les grands commerces.

Ce serait un désert au point de vue de l'initiative, de l'invention, qu'une société future dans laquelle il n'y aurait plus que des entreprises collectives, des espèces de mammouths. Les mammouths n'inventent pas grand chose.

Mais en admettant même que dans l'industrie l'entreprise individuelle doive devenir l'exception, ne peut-on supposer que le travailleur puisse retrouver la propriété de ses instruments de travail par une autre voie — non plus par l'entreprise individuelle mais par l'association ?

Oui, la coopération nous offre une solution, sous la forme de l'association ouvrière de production, solution dont toute la classe ouvrière en France, au milieu du siècle dernier, s'est enchantée ; elle ne demandait rien d'autre comme solution de la question sociale.

J'ai fait ici un cours, pendant toute une année, sur ces associations (1); nous avons été obligé de reconnaître, à regret, qu'elles ne se généralisent dans aucun pays, qu'après plus de trois-quarts de siècle de tentatives, et parfois de succès, elles ne réussissent encore à grouper qu'une trentaine de mille de travailleurs, ce qui est vraiment insignifiant dans l'immense masse des salariés. Et encore la plupart ne vivent-elles que grâce à l'aide que leur donnent l'Etat ou les municipalités. Elles peuvent réussir aussi sous forme de « coopératives de travail », ce qui veut dire que renonçant à s'approprier les capitaux, elles se bornent à associer les bras et à les louer collectivement aux capitalistes : en sorte qu'elles restent dans les cadres du salariat.

Néanmoins l'association ouvrière de production n'a pas dit son dernier mot; peut-être pourront-elles trouver une issue plus large, en entrant dans les cadres des organisations syndicales, sous la forme de guildes, ou dans celui des sociétés de consommation sous la forme que nous allons indiquer.

§ 2. — Le Travail au service du Consommateur. L'abolition du profit.

Ainsi, au terme de cette enquête un peu décourageante, nous ne voyons pas beaucoup de chances ni d'associer le Capital et le Travail, ni de remettre le Capital entre les mains du Travail. Mais alors, las de chercher à nouveau à marier

(1) *Les associations coopératives de production.*

ces irréconciliables, voici qu'une autre issue s'ouvre, en faisant intervenir un tiers qui jusqu'à une date récente n'avait pas joué un grand rôle sur la scène économique, qu'un économiste avait même qualifié ironiquement de ce nom : le tiers oublié — je veux dire le Consommateur. C'est à lui qu'il appartient de prendre en mains le Travail et le Capital et de les réconcilier dans une collaboration commune. Mais il ne peut le faire évidemment qu'autant qu'il est lui-même préalablement organisé sous forme de sociétés coopératives de consommation et que ces sociétés, à leur tour, sont organisées sous forme de puissantes Fédérations.

Les grandes Fédérations d'achat de Manchester ou de Glasgow groupent des millions de coopérateurs et ont fondé des centaines de fabriques de toute nature. Elles disposent d'énormes capitaux et ont 50.000 à 60.000 salariés à leur service. Et même si l'on prend l'ensemble de toutes les sociétés de consommation anglaises, c'est 200.000 salariés qui sont au service des sociétés de consommation d'Angleterre (1).

Nous voyons donc bien ici une réalisation grandiose du régime nouveau que j'annonçais tout à l'heure : le consommateur prenant le Capital et le Travail à son service.

Mais ici on nous arrête et on nous dit : En quoi trouvez-vous là une solution du problème ? Il n'y a même aucun changement essentiel. Que devient votre programme de l'abolition du salariat par la coopération ? Vous ne faites au contraire que le généraliser.

Voici ce qu'on lisait dernièrement dans le *Socialist Standard* qui est l'organe du parti socialiste anglais :

« Que le travail soit fait pour une société coopérative ou pour une société par actions, l'ouvrier reste toujours un esclave salarié, quel que soit le nom fantaisiste qu'on donne à son salaire; et c'est pour cela, c'est parce que nous sommes organisés pour l'abolition du salariat, que nous sommes opposés au mouvement coopératif. »

Que peut répondre à cette incrimination l'Ecole de Nîmes, et avec elle l'Ecole coopérative tout entière ?

Nous répondons : L'entreprise coopérative même quand elle

(1) Voir le cours sur *La Coopération à l'étranger* (*Angleterre et Russie*).

prend des salariés diffère du tout au tout de l'entreprise capitaliste, en ce qu'elle n'a pas en vue le profit mais les besoins des consommateurs. Elle est une « association sans but lucratif », pour employer la noble définition que la loi française réserve aux associations de bienfaisance, scientifiques ou littéraires. Et cela suffit pour qu'on soit en droit de dire que le salariat est aboli, dans la mesure où il peut l'être.

Qu'est-ce, en effet, que le salariat ? C'est ce qu'il faudrait bien comprendre. Entend-on par là le fait de louer ou de vendre son travail pour une certaine somme d'argent payable périodiquement, tous les quinze jours ou tous les mois ? Si c'est cela qu'on entend par salariat, alors, en effet, nous renonçons à prévoir sa disparition. Les économistes ont raison : toujours il existera des travailleurs manuels ou intellectuels qui seront payés moyennant une certaine somme. Il n'est pas possible qu'il en soit autrement, même en supposant réalisé le régime collectiviste ou marxiste.

Car comment voudriez-vous que le travailleur fut payé autrement ? En nature, par le produit même de son travail, comme le paysan qui boit le vin qu'il a récolté ou mange le pain qu'il a semé ? Personne ne peut songer à cette absurdité.

Ce qu'on dénonce dans le salariat ce n'est donc pas le salaire. Recevoir une somme d'argent à la fin du mois, ce n'est pas du tout dégradant. Bon nombre de personnages considérables, à commencer par les souverains et les présidents de Républiques, touchent de cette façon le salaire de leurs services et ne se sentent nullement humiliés. C'est pourquoi Mirabeau a pu dire dans une phrase célèbre : « Je ne connais dans une société que trois moyens de vivre : il faut être ou salarié, ou mendiant, ou voleur. » Ce qui veut dire que tous ceux qui ne sont pas des mendiants ou des voleurs sont nécessairement des salariés. Et c'est vrai si l'on entend par salarié quiconque est rétribué par une somme fixe pour les services qu'il rend.

Mais ce n'est pas du tout à cela qu'on pense quand on parle de l'abolition du salariat. Quand on dénonce le salariat comme une survivance de l'esclavage, ce qu'on vise ce n'est pas une certaine modalité de paiement, ce n'est pas le fait de toucher sa paye à la fin de la quinzaine ou à la fin du mois. Non, c'est le sentiment qu'a le travailleur que tout ce qu'il donnera d'efforts, d'intelligence, d'invention, servira à procurer des profits au patron et à faire sa fortune.

Le salarié dont il ne faut plus c'est celui que les anciens appelaient le mercenaire : celui qui travaille pour un maître et qui est l'intermédiaire entre l'esclave et le travailleur libre. C'est là en effet une situation qui peut être considérée comme humiliante au point de vue social et qui est déplorable au point de vue économique, parce qu'elle entraîne la stérilisation du travail. Mais être de service et même de « service commandé », ce n'est ni une dégradation ni une diminution de la personnalité ; c'est au contraire un agrandissement de la personnalité humaine que de servir ce qui est plus grand que soi.

Or, est-il juste de dire, comme on le disait tout à l'heure, que les coopératives de consommation ne font que généraliser et étendre ce régime alors qu'elles avaient promis de l'abolir ?

Peut-on dire que les ouvriers qu'elles emploient travaillent pour un maître ? Quel maître ? Où est-il ? Ils travaillent pour une société formée généralement par leurs camarades, dans laquelle les ouvriers constituent presque toujours la majorité, sinon la totalité ; pour une société dont ils peuvent eux-mêmes faire partie, s'ils le veulent. Et en ce cas, il faudra bien reconnaître qu'ils travaillent pour eux-mêmes.

Qu'est-ce qui indigne encore les ouvriers dans le salariat ? C'est de penser que leur travail créait des profits pour le patron.

Eh bien ! ils n'ont plus cette obsession : ils savent que dans les sociétés coopératives de consommation, leur travail ne servira pas à faire la fortune de qui que ce soit.

Même s'il arrive que la société coopérative remue des millions et même des milliards, comme la Wholesale de Manchester, tout retourne directement aux consommateurs, sous forme de ristournes, ou aux œuvres de solidarité, d'éducation, donc au profit de tous.

Quel était l'argument écrasant avec lequel Marx pensait écraser le régime capitaliste ? C'était qu'un certain nombre d'heures de travail du salarié ne lui étaient pas payées mais étaient retenues par le capitaliste et constituaient son profit.

Eh bien, où peut-on découvrir des heures volées à l'ouvrier quand il est au service d'une société coopérative ? Tout ce qui n'est pas payé à l'ouvrier sous forme de salaire est restitué sous forme de trop perçus ou de services de solidarité, d'éducation, de récréation, etc., soit à lui-même s'il s'est inscrit parmi les sociétaires, soit aux camarades, au public, à la nation, jamais à un patron ni à ses actionnaires. Ses griefs tombent donc.

Et s'il y a des sociétés de consommation qui mettent en pratique le système de la société en participation ouvrière (voir ci-dessus), en ce cas leurs ouvriers et employés ont à toucher non plus simplement une ristourne en tant que consommateurs, comme les autres camarades, mais une participation en tant qu'ouvriers au service de l'entreprise et à raison de leur collaboration sous forme de travail (1).

A ceux des socialistes qui ne seront pas satisfaits par les explications que nous venons de donner, il suffit de répondre : Vous mêmes que ferez-vous de plus comme abolition du salariat, en supposant que vous ayiez fait la Révolution et réalisé la société communiste ? Rien de plus.

S'il y a un pays dans lequel on puisse dire que la révolution communiste et même marxiste s'est réalisée, c'est bien la Russie soviétique. Eh bien ! pensez-vous qu'il n'y ait plus de salariés en Russie ? Il y en a autant et plus qu'avant la Révolution. La seule différence entre les salariés de la U. R. S. S. bolcheviste et ceux de la Russie tzariste c'est que ceux-ci servaient à faire par leur travail la fortune de la classe noble, des barines, tandis qu'aujourd'hui les salariés bolchevistes savent que leur travail ne fait la fortune de personne — hélas ! pas même la leur.

Oh ! ce n'est point à dire qu'il n'y ait aussi au pays des soviets, des parasites, des gens qui font fortune, en spoliant et en exploitant les ouvriers. Mais il semble, à prendre le régime dans son ensemble, que l'immense armée des salariés russes dans l'industrie n'ait plus autant ce sentiment amer que j'indiquais tout à l'heure comme la caractéristique du salariat, cette pensée que le travail des ouvriers sert à enrichir des capitalistes.

Eh bien, le régime coopératiste, s'il était généralisé, pourrait donner ce même sentiment et, espérons-le, dans de meilleures conditions économiques. Le capital se trouverait tout de même socialisé — non comme en Russie sous la forme étatiste mais sous celle coopérative.

---

(1) Voir le Cours cité ci-dessus *Le mouvement coopératif en Angleterre*, chapitre VII.

Cependant disons franchement qu'entre l'abolition du salariat, telle que la réclament les collectivistes et syndicalistes, et celle que préconise l'école de Nîmes, il y a une différence essentielle. C'est que dans la première c'est le gouvernement du Travail, sinon la dictature du Travail, qu'on veut réaliser. Dans la seconde on veut que le Travail soit au service de l'intérêt général, représenté ici par l'organisation des consommateurs. C'est ce que j'ai désigné, il y a déjà longtemps, sous ce titre : le règne du consommateur.

Or, non seulement le socialisme ouvrier et le syndicalisme, mais tout le monde des producteurs, s'insurge contre un tel programme. Il y a aujourd'hui un fort mouvement en sens contraire pour organiser le gouvernement des producteurs — non seulement dans l'ordre économique mais même dans l'ordre politique, par la création d'un Parlement, ou tout au moins d'un Sénat professionnel (1).

Nous n'en voulons point. Nous ne voulons point d'un gouvernement de producteurs, pas plus de producteurs prolétaires que de producteurs capitalistes, pas plus de celui des Fédérations Syndicales que de celui des trusts et des puissances industrielles ou financières.

Le rôle du travail n'est pas de commander mais de servir. Le mot « servir » offusque les ouvriers : c'est parce qu'ils ne l'entendent pas sous sa véritable acception. Pour le noble de l'ancien régime servir son roi, pour le chrétien servir son Dieu, pour l'ouvrier lui-même servir son syndicat ou son parti, ce n'est pas un abaissement, c'est une exaltation de la personnalité. Que le Travail déclare qu'il ne veut plus servir le Capital, c'est entendu, mais le service du consommateur n'est autre, sous un nom différent, que le service social. Oui, le proverbe qui dit : l'argent est un mauvais maître mais un bon serviteur, n'est pas seulement vrai de l'argent ; il est vrai aussi du travail, et même du travail le plus noble.

Mais serviteur de qui donc, nous dira-t-on ? Du consommateur alors ? Et qui donc est plus routinier, plus moutonnier, plus inconscient de ses actes et plus parasite, par définition même, que le consommateur ? Faut-il que celui qui crée soit le serviteur de celui qui mange ? Je reconnais que le rôle du consommateur n'a rien de bien glorieux et qu'il n'implique

(1) Notamment en Italie où Mussolini déclare vouloir faire « l'État corporatif ».

en lui-même ni effort, ni vertus — sinon précisément dans la mesure où il réduit sa consommation ! — c'est entendu, mais si les consommateurs ne sont que des moutons, raison de plus pour ne pas les laisser manger par les loups, ni pour prendre ceux-ci pour bergers.

Les coopératives ont précisément pour rôle de faire l'éducation des consommateurs. Car si incapable que puisse être celui-ci, il n'en représente pas moins l'intérêt public : il n'en est pas moins le héros de la pièce et tous les autres n'ont de raison d'être autant qu'ils le servent : consommation, au sens élevé du mot, ne veut pas dire satisfaction, jouissance, destruction, mais accomplissement.

Tel est l'ordre économique normal : il n'est pas réalisé présentement, mais c'est à la Coopération qu'il appartient de l'inaugurer.

Dira-t-on que ce règne du Consommateur a encore moins de chances de se réaliser que les autres solutions que nous avons passées en revue, participation, coopératives de production, etc. ? Que jamais les coopératives de consommation ne pourront réunir le capital nécessaire pour exproprier pacifiquement les capitalistes actuels et conquérir l'industrie, le commerce et encore moins l'agriculture ?

Patience ! La coopération ne compte pas encore un siècle de vie. Et déjà en ce qui concerne le commerce la conquête va bon train, car il y a déjà bien des villes en Europe où la majorité, et parfois la presque totalité de la population, se trouve englobée dans la société de consommation.

En ce qui concerne l'agriculture nous avons déjà dit que la coopération admettait très bien l'exploitation individuelle, se bornant à la compléter et à la coordonner. En ce qui concerne la grande industrie, la construction, les grands travaux publics, les coopératives ne peuvent prétendre en effet les accaparer à elles seules, mais elles pourront s'appuyer sur les associations ouvrières de production et sur les régies municipales.

Un argument qui nous paraît plus embarrassant, c'est l'éventualité d'un ralentissement ou même d'une stagnation de la production par suite du détrônement du capitaliste et de l'abolition du profit. Nous avons envisagé ailleurs cette grave question (1), nous n'y revenons pas ici.

(1) Voir la série de brochures *La lutte pour le profit.*

Mais quoi ! A ces critiques qui déclarent impossible la réalisation de notre République Coopérative, il suffit de demander s'ils croient que l'expropriation communiste sera plus facile à réaliser ? — l'expérience de la Russie ne semble pas le démontrer. — Ou alors, si le maintien de l'ordre économique actuel leur paraît plus sûr ? il ne le semble pourtant pas, tant il paraît branlant et lézardé.

Il ne faut pas discuter sur les réalisations à venir : il faut se diriger du côté où l'on aperçoit la lumière, ne fut-ce qu'une lueur, et pour le reste s'en remettre soit à la providence, comme l'Ecole de Nimes, soit à la marche des choses si l'on est déterministe. *Fata viam invenient* : les destins trouveront leur voie.

CHAPITRE VIII

NIMES ET SAINT-CLAUDE

Après ce rapide historique de 27 années, il faut s'arrêter pour préciser un peu mieux le programme et les doctrines de l'Ecole de Nimes et chercher en quoi et dans quelle mesure elle pourrait avoir apporté une contribution au programme de Rochdale.

Le meilleur moyen de bien saisir la physionomie de l'Ecole de Nimes c'est de mettre en regard les sociétés coopératives qui ont appliqué un programme différent ou opposé. Et pour cela, je ne puis mieux faire que de prendre, parmi toutes les coopératives françaises, une société qui s'est fait un nom dans l'histoire coopérative et que nous appelons l'Ecole de Saint-Claude.

A vrai dire, c'est moi-même qui, à la suite d'une visite faite, il y a plus de vingt ans à cette coopérative, lui ai donné ce nom d'Ecole de Saint-Claude (1). Avec une juste fierté elle l'a accepté, et depuis lors il lui est resté. En un sens, ce titre n'était peut-être pas très justifié puisque précisément Saint-Claude n'a pas fait école et qu'elle est encore aujourd'hui presque seule de son espèce. Car même parmi les coopératives socialistes il n'y en a presque point qui appliquent les règles de

(1) Dans un article de l'*Emancipation* du 15 octobre 1902.

Saint-Claude que nous allons exposer. Néanmoins elle les considèrent comme la véritable charte de la Coopération socialiste bien supérieure à celle de Rochdale et de Nîmes.

Saint-Claude est une petite ville industrielle située sur le versant français du Jura. A la différence de Nîmes qui fut autrefois une grande ville industrielle mais qui est devenue depuis une ville uniquement bourgeoise, Saint-Claude, au contraire, après avoir été un grand village de montagne, est devenue depuis une cinquantaine d'années une ville industrielle.

Ce n'est pas une grande ville — 20.000 habitants à peu près — mais elle est spécialisée dans deux fabrications : celle des pipes — tous ceux qui fument connaissent les pipes de Saint-Claude en racine de bruyère, les Anglais encore plus que les Français en font un grand usage —; celle de la taille des pierres précieuses et diamants.

Pourquoi ces industries se sont-elles développées à Saint-Claude ?

Vous vous rappelez peut-être qu'à propos de l'Ecole de Nîmes je me suis élevé contre la doctrine du déterminisme économique qui veut expliquer la naissance des institutions et des grands mouvements sociaux par des causes purement matérielles. Je vous ai dit que pour Nîmes cette doctrine est entièrement démentie par l'histoire même de la ville et par le milieu dans lequel est né le mouvement. Pour Saint-Claude, on pourrait dire, il est vrai, que Saint-Claude a été depuis très longtemps, depuis le milieu du siècle dernier et même depuis plusieurs siècles, un centre coopératif. C'est sur les deux versants du Jura qu'ont été créées les premières coopératives agricoles qui s'appellent les fruitières, c'est-à-dire des coopératives pour la fabrication du fromage. Et plus tard, au siècle dernier, le mouvement de l'Internationale, de Karl Marx avec Bakounine, a créé un important foyer dans le Jura.

Il y a toujours eu dans ces montagnes une certaine flamme révolutionnaire. Faut-il l'expliquer par le fait que pendant l'hiver les habitants bloqués par les neiges, ont le loisir de lire et de méditer ? Mais bien d'autres populations de montagnes ne sont nullement révolutionnaires et au contraire plutôt d'esprit conservateur.

En tout cas, en ce qui concerne les industries locales que je viens d'indiquer, il n'y avait aucune espèce de raison pour que l'industrie des pipes ou celle des pierres précieuses s'installât à Saint-Claude. Il n'y a pas, dans le Jura, de gisements de pierres précieuses; il n'y a même pas le bois dont on fait les pipes, puisqu'elles sont faites avec des racines qu'on ne trouve qu'en Italie ou en Corse.

Si donc ces deux industries se sont développées dans Saint-Claude, ce développement n'est pas dû à des causes matérielles, mais plutôt à ce que quelque habitant de Saint-Claude, qui avait appris la taille des pierres précieuses à Amsterdam, a rapporté cette industrie dans le pays, tandis qu'un autre y apportait celle de la fabrication des pipes. Ces industries ont germé là comme elles auraient pu germer ailleurs.

Mais comme elles se sont trouvées là dans un milieu où la coopération était depuis longtemps pratiquée, elles ont pris plus facilement la forme d'associations coopératives de production. Au reste, ce ne sont pas des coopératives d'ouvriers diamantaires que nous avons à parler : celle des sociétés de Saint-Claude qui nous intéresse est une coopérative de consommation et non de production.

La société coopérative de Saint-Claude a été fondée en 1881 : elle est donc un peu plus ancienne que l'Ecole de Nîmes qui date de 1884. Mais, lors de sa fondation et pendant les premières années, la société de Saint-Claude n'a eu aucun caractère socialiste ni même social. C'était, au contraire, une société tout à fait capitaliste et qui ne méritait même pas le nom de coopérative parce que les bénéfices étaient répartis au prorata des actions.

Ce fût en 1896 que quelques socialistes, parmi lesquels Ponard, qui était alors tout jeune, s'emparèrent de la direction, et c'est de cette époque que date la véritable société de Saint-Claude. Ils firent voter par l'assemblée générale, non sans une opposition violente, des statuts qui font loi encore aujourd'hui et ont donné à cette société sa physionomie originale.

Depuis cette date, par conséquent depuis trente ans, le citoyen Ponard est resté le directeur et l'inspirateur de cette société ; il est aujourd'hui député du Jura.

Quels sont donc les statuts type de la Société de Saint-Claude ?

Je les résumerai sous cinq paragraphes :

1° Suppression de toute répartition individuelle des bénéfices ;

2° Assurance obligatoire des sociétaires contre les risques de la maladie et de la vieillesse ;

3° Création d'un fonds spécial perpétuel indivisible ;

4° Union de la coopération et du syndicalisme, en imposant pour règle que tout coopérateur doit être syndiqué, et adhésion au principe de la lutte de classes ;

5° Donner pour but à la coopération de consommation, la production.

Reprenons maintenant chacun de ces caractères pour voir dans quelle mesure ils s'écartent ou se rapprochent de ceux de l'Ecole de Nimes ou, si vous voulez, de l'Ecole de Rochdale, car jusqu'à présent nous n'avons pas fait encore de distinction entre les deux

§ 1. — La répartition des bénéfices.

La première règle c'est la suppression de toute répartition individuelle des bénéfices.

Voici ce qu'on entend par là. La société de Saint-Claude, à la différence de presque toutes les sociétés coopératives, qui vendent à peu près aux prix du commerce, a pour règle de vendre meilleur marché que le commerce, et la différence est assez notable ; on a estimé qu'elle était de 10 à 17 0/0 au-dessous du commerce local.

Néanmoins elle fait des bénéfices. Ces bénéfices que va-t-on en faire ?

La règle célèbre des Pionniers de Rochdale c'est que les bénéfices doivent être répartis entre les coopérateurs au prorata de leurs achats. Saint-Claude a écarté cette règle comme étant trop individualiste et pas assez socialiste. Sans doute elle n'ignore pas que ces bénéfices ne sont pas, au point de vue économique et juridique, de véritables dividendes, en ce sens qu'ils ne sont pas donnés au capital, à l'argent, aux actions, mais simplement à l'acheteur et ne sont pour lui que le remboursement de ce qu'il a payé en trop, la restitution d'un trop-perçu : il faut y voir, en regardant de plus près, la négation du dividende et du profit et non pas son application. Néanmoins la répartition de ces sommes individuelles a pour effet de développer chez les sociétaires des sentiments qui sont assurément très individualistes ; il faut l'avouer (1).

(1) Voir le Cours de cette même année *Le mouvement socialiste à l'étranger (Angleterre)* où cette question fait l'objet d'un chapitre spécial.

Donc plus de répartition individuelle, plus de boni, même à titre de ristournes ; et alors que fera-t-on des bénéfices réalisés ?

L'article 4 des statuts révisés dit : « Tous les bénéfices nets réalisés (prélèvement fait de la part qui sert à rémunérer le capital, soit 4 ½ % d'intérêt) sont intégralement versés à la caisse sociale. »

Mais la caisse sociale en fait deux parts. Une moitié est gardée pour constituer un fonds de réserve, comme dans toutes les sociétés, et en outre un fonds inaliénable et perpétuel dont je parlerai tout à l'heure.

L'autre moitié sert à constituer un fonds collectif aussi, mais dont les revenus reviendront ultérieurement aux sociétaires sous la forme de pensions de retraites ou de secours de maladies. Nous parlerons tout à l'heure de l'emploi de cette seconde moitié (1). Arrêtons nous un moment sur la règle qui supprime la répartition individuelle.

C'était assez téméraire, car pourquoi les Pionniers de Rochdale avaient-ils appliqué cette règle de la répartition individuelle des bénéfices au prorata des achats ? Et pourquoi des milliers de sociétés dans le monde, après les Pionniers, l'ont-ils pratiquée et y ont-elles trouvé le succès ?

Le principe de Saint-Claude n'était pas aussi nouveau que le pensaient peut-être les directeurs de cette société, ce n'était au contraire qu'un retour aux formes primitives de la coopération. Dans les premières coopératives, en Angleterre, il n'y avait pas de répartitions individuelles, les bénéfices restaient dans la caisse sociale : mais ces sociétés périclitaient et finissaient par disparaître. C'est pour cela que les Pionniers de Rochdale ont eu l'idée que cette répartition stimulerait le zèle des sociétaires; ils pensèrent que du jour où ceux-ci seraient rémunérés au prorata de leurs achats, ils seraient plus exacts au magasin. Et l'expérience de milliers de sociétés dans tous les pays a justifié cette prévision.

Et encore aujourd'hui presque tous les coopérateurs, même

---

(1) Voici au total l'emploi des bénéfices :

5	p. 100	réserve légale,
10	—	réserve spéciale,
35	—	fonds perpétuel,
30	—	caisse retraite,
20	—	caisse maladie.
100		

les plus fervents, pensent que si on supprimait la répartition aux sociétaires, nombre de ceux-ci feraient défection, particulièrement les femmes qui tiennent beaucoup à ce boni.

Voici, par exemple, ce que disait récemment un coopérateur anglais, dans un congrès :

« Je ne puis pas penser que même le coopérateur le plus enthousiaste puisse se considérer comme satisfait si, trimestre après trimestre, année par année, il ne touche aucun dividende. »

Mais si cette règle de Saint-Claude est en opposition avec celle de Rochdale, est-ce à dire qu'elle soit en opposition avec l'école de Nimes ? Non. Nous avons toujours dit, à l'école de Nimes, que la distribution individuelle des bénéfices n'était qu'une question d'opportunité. C'est une concession à l'intérêt personnel mais qui ne doit être considérée que comme destinée à faciliter l'évolution du régime capitaliste au régime vraiment coopératif. Nous avons toujours conseillé aux sociétés de limiter le plus possible, c'est-à-dire dans la mesure compatible avec le développement de l'esprit de solidarité chez leurs membres, la part réservée à la répartition individuelle et d'élargir au contraire le plus possible la part réservée à la solidarité, aux œuvres sociales.

L'école de Nimes a toujours désapprouvé les sociétés qui, comme, par exemple, une des sociétés les plus prospères de France, la société de Saint-Remy-sur-Avre, distribue tous les ans 15 % en répartition individuelle à ses membres, et ne donne presque rien à la solidarité. Dans un des derniers bilans de cette société, il y avait 3 millions de bénéfices à répartir entre les sociétaires, alors que 750 francs seulement allaient à des œuvres sociales. Vous avez là la coopération sous la forme individualiste la plus caractérisée.

Et si je prends comme terme de comparaison une société, qui a été créée la première par l'école de Nimes et dont les statuts avaient été rédigés par de Boyve lui-même (ils ont été modifiés depuis, comme nous le verrons), *l'Abeille* de Nimes, nous voyons qu'elle faisait de ses bénéfices une répartition qui n'est pas tellement différente de celle de Saint-Claude. Elle consacrait en effet :

30 % à la réserve;
2 1/2 % à l'éducation;
10 % de participation aux employés ;

ce qui fait 42 1/2 %, soit bien près de la moitié pour des répartitions plus ou moins collectives ou sociales.

Nous n'avons cessé de dire qu'il faut apprendre aux membres des sociétés coopératives à se tenir pour satisfaits quand ils reçoivent de leur société des produits pas plus cher et de meilleure qualité que ceux du commerce et qu'il n'ont pas à réclamer, en outre, une prime sous la forme de ristourne ou de trop-perçu.

Il faut citer à l'étranger les coopératives de Finlande, spécialement celles finnoises, qui poursuivent avec persévérance la réduction continue de la part affectée à la répartition individuelle pour augmenter d'autant celle consacrée au fonds collectif ; celle-ci qui était déjà de 44 % il y a 20 ans, dépasse aujourd'hui 68 %.

Mais ce n'est que le jour où les coopérateurs auront achevé leur éducation que cette règle pourra être appliquée. Jusque là elle aurait un caractère coercitif qui ralentirait le mouvement. C'est pourquoi l'école de Nîmes n'a pas préconisé pratiquement et immédiatement la règle de Saint-Claude, c'est parce qu'elle a craint qu'à vouloir socialiser tous les bénéfices on ne risquât de tuer le mouvement coopératif et elle n'est pas disposée à sacrifier l'existence et l'avenir du mouvement coopératif en l'honneur d'un principe.

Et il est bien possible que si *l'Abeille* de Nîmes, comme je l'ai dit dans une précédente leçon, ne s'est guère développée, cette stagnation ne soit due précisément au caractère prématurément altruiste de ses statuts qui donnaient trop à la répartition collective et pas assez à celle individuelle. Aussi cette règle a-t-elle été modifiée et dans les nouveaux statuts la part pour le fonds collectif a-t-elle été réduite à 20 % et celle pour la répartition individuelle remise à 80 %. J'admets que c'est là une régression au point de vue de l'esprit coopératif.

Pourtant nous sommes heureux de constater que l'application de cette règle n'a pas tué la coopération de Saint-Claude. Sommes-nous donc trop pessimistes en ce qui concerne le manque d'altruisme des coopérateurs ? Ou bien faut-il croire que les habitants de Saint-Claude, en tant qu'habitants du Jura, se trouvaient mieux entraînés par le milieu et le précédent historiques dont je parlais tout à l'heure ?

Je ne le pense pas. Ici encore, je crois qu'il faut expliquer l'adoption de ces statuts tout simplement par l'influence personnelle du directeur. Et ce n'est pas sans résistance qu'elle s'est imposée ! Il s'y est pris d'une façon assez habile pour faire adopter ces statuts. En 1896 on avait commencé l'érection d'une Maison du Peuple, mais on n'avait pas d'argent pour la finir. C'est alors que les dirigeants dirent : Il n'y a qu'un moyen de terminer la maison; c'est que les sociétaires sacrifient leurs bénéfices individuels pour les verser dans la caisse sociale. C'est de cette façon que les sociétaires ont été convertis, et peu à peu, ils ont trouvé certains avantages, en même temps qu'un certain orgueil, à dire qu'ils servaient de modèle aux autres sociétés coopératives, et la règle a été maintenue.

Il ne faut d'ailleurs pas non plus exagérer le désintéressement des coopérateurs de Saint-Claude, car il faut considérer trois points :

1° Une portion des bénéfices (15 % est versée au fonds de réserve : or, dans toute société le fonds de réserve est la propriété des actionnaires et au cas de dissolution de la société devra être partagée entr'eux.

2° Même pour les 35 % versés au fonds social, il faut considérer que ce ne sont pas les sociétaires qui les versent. En effet, la société de Saint-Claude vend au public; la vente au public représente la moitié et peut-être même les deux tiers de ses ventes (nous verrons plus loin quelle est la raison de cette proportion anormale). Par conséquent la moitié ou les deux tiers de ses bénéfices sont prélevés sur le public, sur les acheteurs non sociétaires. En sorte que quand la société verse au fonds social 35 % de ses bénéfices, elle ne verse en réalité absolument rien de ce qui provient des achats des sociétaires et même ne verse qu'une partie des bénéfices provenant de la vente au public.

3° Si les sociétaires ne touchent rien sous forme de répartition en espèces, ils touchent la moitié des bénéfices sous la forme indirecte, mais très réelle de retraite et de secours de maladie. Ces 50 % qui ne sont pas versés au fonds collectif, sont répartis comme suit : 30 % à la caisse de retraite; 20 % à la caisse de maladie. Les sociétaires n'en bénéficieront pas sous la forme d'une épargne individuelle, c'est entendu, mais ils en bénéficieront, comme dans toutes les œuvres de solidarité, collectivement. Les secours de maladie varient de 1 fr. 50 à 3 francs par journée, selon le montant des achats (600 fr. au minimum pour un sociétaire seul et 300 fr. en plus par membre de la famille); ce n'est pas grand chose aujourd'hui, mais c'était appréciable autrefois, et la durée pendant laquelle le secours est alloué peut atteindre une année, ce qui dépasse de beaucoup le temps admis par les sociétés de secours mutuels qui généralement ne donnent plus rien après trois mois. Quant à la retraite — à partir de 55 ans d'âge et 25 ans de sociétariat — elle n'est que de 120 francs, c'est-à-dire très inférieure à celle qui pourra résulter de la caisse des retraites de l'Etat : il est vrai que les coopérateurs pourront cumuler les deux.

C'est en somme une assurance, mais une assurance obligatoire. L'assurance obligatoire dans les coopératives n'est pas une idée socialiste : c'est une idée qui a été préconisée autrefois et par des économistes bourgeois. Je me rappelle qu'il y a trente ans déjà un des chefs de l'école de Le Play, école libérale, M. Cheysson, enseignait qu'il fallait consacrer *tous* les bénéfices des sociétés coopératives à la retraite, à l'assurance contre le chômage, à la maladie, et que ce serait là la solution de grand problèmes.

Mais l'Ecole de Nimes avait protesté contre ce programme. Pourquoi ? Parce qu'elle pensait que ce serait détourner le mouvement coopératif de ses fins, je dirai presque le dégrader, que de l'employer simplement à s'assurer contre les risques de la vie. Il ne pourrait plus désormais accomplir la mission qui lui incombe et dont il ne doit pas dévier : la transformation du régime des échanges et l'élimination du profit. Tout ce programme devra être abandonné, si la coopération s'enlise dans toutes ces caisses d'assurance.

Cette critique ne peut être adressée, il est vrai, à Saint-Claude, puisque celle-ci n'affecte à l'assurance que la part retranchée à la répartition individuelle. Mais l'école de Nimes a un autre motif pour ne pas recommander le système d'assurance de Saint-Claude : c'est parce qu'il a un caractère obligatoire — et nous avons été toujours fidèles à la maxime de Fourier que j'ai citée bien souvent : tout ce qui se fait par contrainte dénote un manque de génie (nous dirions surtout un manque de confiance dans les énergies individuelles). Nous estimons qu'on doit laisser le sociétaire libre de l'emploi de ses bonis. Qu'on l'engage à les verser dans des caisses de retraite ou de secours mutuel, c'est très bien, c'est peut-être un excellent conseil à lui donner, mais qu'il le fasse librement et que la société ne se charge pas de le faire pour lui, en le traitant en mineur.

§ 2. — Le fonds collectif impartageable.

Le troisième caractère de la coopérative de St-Claude et celui auquel elle attache le plus d'importance, c'est la création d'un fonds permanent, indivisible. C'est un fonds qui n'appartient à personne et dont le rôle sera, en se développant, de créer comme une espèce de cité, de commune coopérative, à côté de la commune politique. Nous avons dit qu'il était alimenté par un prélèvement de 35 p. 100 sur les bénéfices.

Cette idée n'est pas non plus une idée nouvelle et elle n'est pas non plus socialiste. Elle a ses origines dans les biens de main-morte, comme on les appelait, des congrégations catholiques. Et sans remonter si loin, le fondateur des associations coopératives de production, en 1832, Buchez, un catholique fervent aussi, en avait fait le fondement de sa première forme d'association coopérative. De même, en Allemagne, nous la trouvons dans les sociétés de crédit agricole, créées par Raiffeisen, un protestant très pieux.

Mais ce qu'il y a de nouveau et d'intéressant ce sont les précautions qu'a prises la société de Saint-Claude pour s'assurer que cette main-morte, que ce fonds perpétuel, ne serait jamais dilapidé. Les promoteurs ont eu la crainte, très justifiée par les précédents, que le jour où la société serait devenue prospère et que le fonds serait devenu gros, les sociétaires ne s'entendent pour se le partager. Ils ont voulu se mettre en garde contre cette éventualité qui avait, en effet, causé la mort de nombreuses sociétés coopératives, et voici les précautions qu'ils ont prises pour l'empêcher. Voici ce que dit l'article 3 des statuts :

« Les précédentes dispositions (celles qui créent le fonds social perpétuel) sont irrévocables et irrévisibles. Toute proposition de modification ou de revision sur ce point tendant à opérer une répartition, un partage, ou une dispersion du capital social, sera considérée comme nulle et non avenue, et rigoureusement écartée de la discussion.

« Au cas où la majorité, ou l'unanimité même, des sociétaires contreviendraient, en les violant, aux précédentes dispositions, — la minorité contre la majorité, la Commune de Saint-

Claude contre l'unanimité, auront le droit et le devoir de s'emparer de tout l'actif social : la minorité pour continuer l'œuvre en son nom, la ville pour en constituer un service public ou une œuvre de bienfaisance. »

Ainsi même si dans cent ans, ou dans mille ans, les sociétaires de Saint-Claude décidaient que le fonds sera partagé entre eux, ils ne le pourraient et la question même ne pourrait pas venir en discussion.

Et si, en prévision du pire, une majorité ne respectait pas cette règle, la minorité, ne fût-elle que de 7 membres, aurait le droit de s'y opposer en disant : c'est nous qui avons seuls le droit de garder la maison et c'est à vous, quoique majorité, à en sortir.

Et si même cette minorité des 7 fidèles ne subsistait plus et que l'unanimité se fît sur une décision de partage, en ce cas c'est à la Commune de Saint-Claude qu'est dévolu le droit d'intervenir et de dire : la société ayant manqué à ses statuts, c'est moi qui prends le capital pour constituer une œuvre sociale ou en faire un emploi communal.

Ces prévisions sont fort intéressantes. Mais je dois dire que légalement je ne crois pas qu'elles aient aucune valeur; il est facile de comprendre pourquoi.

Quand il s'agit de ce qu'on appelle une fondation, comme pour les prix de l'Institut, ou d'une donation faite par testament, la fondation est en effet réglée *in æternum* par la volonté du fondateur puisque la volonté d'un mort ne peut plus changer ; et si une clause vient à être violée, la fondation peut être déclarée nulle par les tribunaux. Mais quand il s'agit, non d'une fondation faite par disposition testamentaire, mais d'une association toujours vivante qui à chaque génération se renouvelle dans la personne de ses membres, il est impossible que la volonté des sociétaires vivants reste à jamais enchaînée par la volonté des sociétaires morts. Pourquoi les sociétaires de 1926 ou de l'an 2000 auraient-ils moins de droits que n'en ont eu ceux de 1896 ? A tout instant, une société est maîtresse de ses statuts et peut les changer, sous la seule condition de se soumettre aux formalités fixées par la loi. Ces formalités sont assez rigoureuses, puisque naguère il fallait l'unanimité des sociétaires, condition qui en fait était presque irréalisable; mais cette exigence a été adoucie par une loi récente.

Ceci dit pour le principe, nous pouvons cependant admettre

qu'en fait cette clause a bien des chances d'être respectée. La tentative de dissoudre une société ne devient dangereuse qu'autant que cette société devient riche; or ce n'est pas précisément le cas de la société de Saint-Claude ; elle n'a fait qu'une modeste fortune, ou du moins pas assez grande pour engager ses héritiers éventuels à la suicider.

§ 3. — L'adhésion obligatoire au syndicat.

Un quatrième caractère de l'Ecole de Saint-Claude, celui qui la différencie le plus de l'Ecole de Nimes, c'est l'union entre le syndicat et la coopérative.

A vrai dire, ce n'est pas inscrit dans les statuts ; à les lire, au contraire, on n'apercevrait pas cette caractéristique.

L'article 9 dit, en effet : « Toute personne, sans distinction de sexe, désirant faire partie de la société... etc. »

Sans distinction de sexe, ce qui veut dire, semble-t-il, tout le monde sans exception, et par conséquent sans distinction de classe, sans exiger la qualité d'ouvriers ni moins encore d'ouvrier syndiqué ?

Mais si les statuts ne disent rien à cet égard, le Règlement Intérieur de la société est, au contraire, formel. Cette disposition fut introduite par une décision de l'Assemblée Générale le 30 septembre 1906. Le directeur de la Société, Ponard, dans un appel à tous les travailleurs, disait en propres termes :

« Le coopérateur doit appartenir à son syndicat : le syndiqué doit entrer dans la coopérative. Telle fut la résolution d'Amiens (allusion à un Congrès célèbre des coopératives socialistes). Et pour confirmer l'unité de pensée qui anime les travailleurs organisés, l'Assemblée générale de la *Fraternelle* a introduit dans le règlement intérieur de la Société que désormais tout nouveau postulant à *la Fraternelle* devait justifier appartenir à son syndicat, quand il en existe un dans la localité. »

Mais, en réservant aux syndiqués les honneurs du sociétariat, la société de Saint-Claude n'entend nullement leur réserver les avantages de la coopération : l'article 1er des statuts dit en effet : « Cette société a pour but l'achat et la répartition, tant à ses membres *qu'à tous consommateurs*, de tous objets, etc. »

Pourquoi la Société de Saint-Claude a-t-elle posé cette règle que tout coopérateur devait être syndiqué ? C'est afin d'affirmer le caractère prolétarien de la société de consommation.

En exigeant que tout membre soit syndiqué, on est sûr que tout sociétaire sera un travailleur, un salarié, puisque le syndicat, qui est l'association professionnelle, n'est légalement ouvert qu'aux professionnels. Ni les rentiers ni les propriétaires, ni même généralement ceux qui exercent des fonctions publiques ou professions libérales — hormis quelques exceptions qui tendent à se généraliser, il est vrai, tels que les instituteurs par exemple (1) — n'appartiennent à des syndicats.

Cette règle n'a pas seulement pour objet de garantir que le recrutement de la société coopérative de consommation se ferait uniquement dans la classe ouvrière, elle a un but plus ambitieux : c'est de donner à la coopération de consommation le caractère d'une organisation de classe, et c'est là ce que l'école de Nîmes ne peut accepter.

Ce n'est pas qu'elle soit hostile au mouvement syndical ; elle reconnaît sa légitimité, son efficacité.

Elle est bien loin d'approuver la politique de ces patrons, de ces grandes Compagnies, qui mettent leurs ouvriers en demeure de choisir entre leur démission du syndicat et la perte de leur emploi. Dans toutes nos coopératives, même dans celles que les socialistes flétrissent du nom de neutres, on n'hésite guère à donner aux coopérateurs ouvriers le conseil de s'inscrire à leurs syndicats respectifs.

Mais nous nous refusons absolument à limiter le champ d'action coopérative en n'admettant dans les sociétés que des syndiqués, ou même, comme font les coopératives russes, que des prolétaires, syndiqués ou non. La coopération comme le soleil doit briller pour tous et même pour ceux qu'on qualifie de bourgeois. Et nous estimerions non moins déplorable de diviser les coopératives en deux catégories — coopératives syndicales, coopératives de bourgeois — et même trois s'il en fallait une spéciale pour les ouvriers non syndiqués.

Sans doute il y a des circonstance où la nature des choses impose un recrutement professionnel.

Il y a certaines usines ou certaines mines loin des villes où les coopératives ne peuvent être constituées que par les ouvriers de l'usine ou de la mine. Pour les coopératives des chemins de fer il y a une autre raison : c'est qu'en ce qui concerne les transports des marchandises qu'elles vendent ou

(1) Et tout récemment (décembre 1926) la Fédération des fonctionnaires.

l'installation des locaux, parfois aussi comme avances de fonds, certains avantages sont réservés aux employés de la Compagnie et ne pourraient être accordés à des étrangers.

Il est à remarquer que ces coopératives syndicalistes rouges considèrent avec mépris les coopératives professionnelles, telles que celles d'employés de chemin de fer ou de fonctionnaires, ou de militaires, ou celles qui n'admettent que des catholiques — et même elles flétrissent généralement ces coopératives du qualificatif de jaunes : pourtant celles-ci s'inspirent du même esprit ; elles veulent faire bande à part et, comme pour le jugement dernier, séparer les brebis et les boucs.

En principe donc, et sauf exceptions légitimes, toute coopérative fermée, que ce soit pour raison syndicale, ou professionnelle, ou religieuse, ou politique, nous paraît en contradiction avec l'esprit même de la coopération qui est de se faire toute à tous.

En ce qui concerne spécialement la solidarité entre la coopération et le syndicalisme qui caractérise l'Ecole de St-Claude, il y a un argument plus fort encore pour l'écarter. Nous ne pouvons nous dissimuler qu'entre le syndicat et la coopérative de consommation il y a une divergence de but, et même, peut-on dire, un antagonisme.

A quoi vise la société de consommation ? Au bon marché, à la baisse des prix, à l'abondance des produits par l'intensification de la production.

Et à quoi vise le syndicat ? A la hausse des salaires, à la diminution de la journée de travail, et souvent même à la diminution de la production elle-même, en limitant le rendement des travailleurs, afin d'éviter la concurrence qu'ils se font entr'eux et de prévenir le chômage.

On peut admettre, il est vrai, que ces deux programmes ne sont pas nécessairement inconciliables. On peut très bien supposer un régime tel qu'aux Etats-Unis où, par suite des perfectionnements apportés aux moyens de production, on réalise tout à la fois ces trois progrès qui semblent contradictoires : hausse des salaires, baisse des prix, augmentation des profits.

Oui, mais seulement s'il y a augmentation considérable dans la production : sinon il faut reconnaître qu'il y a antagonisme entre l'intérêt de la coopérative de consommation et celui du syndicat ouvrier. Nous le voyons dans maintes circonstances, malheureusement assez fréquentes.

Voici, par exemple, le cas de grève. Les coopératives de l'école socialiste soutiennent les grévistes, elles leur fournissent très souvent des aliments, elles les embauchent, quand elles le peuvent, dans leurs ateliers; elles jouent le rôle de l'intendance dans la guerre militaire. La coopérative de consommation prétend ainsi jouer son rôle dans la lutte de classes : approvisionner les militants.

Les coopératives de l'école de Nîmes ne prennent position ni pour, ni contre les grévistes; elles trouvent très légitime que les ouvriers se mettent en grève et admettent même que dans bien des cas, ne fût-ce que pour lutter contre la dépréciation du franc, la grève peut devenir nécessaire, mais elles pensent que la grève doit se faire sous la responsabilité des syndiqués.

La même divergence apparaît dans des cas plus spéciaux. Ce n'est pas seulement dans le cas de grève, mais dans bien d'autres que le programme coopératif et le programme syndical se trouvent en opposition. Par exemple, dans un cas actuel, dans la question du travail de nuit dans la boulangerie. Il y a en ce moment une querelle assez vive entre le Syndicat des ouvriers boulangers et la Fédération Nationale des Sociétés de consommation. Les arguments des ouvriers boulangers contre le travail de nuit sont bien connus et très fondés. La vie d'un ouvrier boulanger, condamné à travailler toutes les nuits dans le fournil, est dit-on dangereuse pour sa santé et peut devenir dangereuse, par répercussion pour les consommateurs, au cas où l'ouvrier devient tuberculeux, ce qui malheureusement est assez fréquent. C'est, en tout cas, un genre de vie incompatible avec la vie de famille.

Les sociétés de consommation ne contestent pas ces griefs; elles admettent en effet que si le même ouvrier est condamné à passer sa vie en travaillant toutes les nuits dans le même fournil, c'est là un état de choses inadmissible. Mais, ajoutent-elles, il faut se préoccuper de la production, ce que ne font pas les ouvriers boulangers. Elles ne défendent pas le régime actuel, c'est un régime suranné qui doit disparaître. Le seul régime que nous préconisons et qui est déjà réalisé dans nos grandes boulangeries coopératives, c'est le travail jour et nuit, mais par trois équipes faisant huit heures chacune et se relayant. De cette façon, le coût de la production est réduit au minimum et la santé de l'ouvrier n'est pas sérieusement atteinte par l'obligation de passer une nuit sur trois, pas plus que celle des employés de chemins de fer, des imprimeurs de journaux et de bien d'autres métiers où le travail de nuit est une nécessité.

Ce système de travail par équipes est le seul qui permette d'organiser la grande production dans les boulangeries qui font 50.000, 80.000 kilos de pain par jour; c'est par lui que se réalisera peu à peu la disparition du fournil où le boulanger travaille toutes les nuits.

L'argument que font valoir les coopératives de consommation pour défendre le travail de nuit n'est donc point l'argument bourgeois de la nécessité du petit pain frais au déjeuner du matin ! C'est au contraire prendre pour guide l'intérêt général; c'est marcher dans la voie de l'évolution économique; c'est introduire dans la fabrication du pain la même industrialisation qui est déjà la règle dans les autres domaines de la grande production, industrialisation qui seule peut permettre d'arriver aux limites du bon marché, et assurer aux travailleurs des conditions de vie bien plus salubres que dans le fournil, même si l'ouvrier obtenait de n'y travailler que le jour.

Il y a d'ailleurs aujourd'hui bon nombre de socialistes et syndicalistes qui admettent la légitimité de cette séparation de routes, non seulement séparation entre les syndicats et les coopératives d'une part, mais aussi séparation entre les syndicats et le parti socialiste.

D'autre part, dans un article du *Sozialist Monatshefte* (octobre 1925), Max Quark écrivait : « Le mouvement syndical tient à être et à rester autonome : cela vaut mieux pour les syndicats et pour le parti. » Les coopératives ont donc le droit d'en dire autant !

Ce n'est point à dire qu'il n'y ait encore aujourd'hui, en plusieurs pays, en Belgique, en Russie, cela va sans dire, et même aux Etats-Unis, la réalisation du programme de Saint-Claude, c'est-à-dire une union intime entre les syndicats ouvriers et les coopératives de consommation. Mais en France, il n'y a qu'une très petite minorité, même parmi les sociétés socialistes, qui imposent cette règle.

Généralement ceux qui préconisent l'union des coopératives

et des syndicats font de même pour l'union avec le parti politique. C'est ce qu'on nomme le système des trois colonnes : le socialisme devant s'appuyer sur ces trois pieds, le syndicat, la coopération, le parti. Mais en ce qui concerne Saint-Claude, ce n'est pas le cas : son directeur Ponard, quoique étant entré dans la carrière politique puisque devenu député, a déconseillé l'action politique pour les coopératives.

§ 4. — La production coopérative.

Dans les nouveaux statuts de Saint-Claude il est dit (art. 2), que « la société a pour but l'achat et la répartition, tant à ses membres qu'à tout consommateur, et la production de tous les objets utiles à l'existence, dans les meilleures conditions. »

Et dans l'article 3 du Statut « irrévocable », il est dit que le fonds de réserve perpétuel servira à instituer tous les services de consommation et de production que la société jugera bon d'entreprendre. »

Ceci n'a rien de nouveau ni de caractéristique et ne distingue en rien l'école de Saint-Claude de l'école de Nimes, car toutes les sociétés de consommation, depuis Rochdale, se sont donné pour but final, sinon immédiat, et alors même qu'il ne fut pas spécifié dans les statuts aussi expressément que dans ceux de Rochdale, la production. Par production, elles entendent bien produire dans leurs propres ateliers et par leurs propres moyens tout ce qui sera nécessaire aux besoins de leurs membres.

Mais il faut ajouter qu'en fait il n'en est qu'un très petit nombre qui aient pu se rapprocher de ce but, et qu'en France il n'y en a aucune, que je sache, à moins qu'on ne fasse rentrer la boulangerie dans la production.

La société de Saint-Claude, malgré les statuts que je viens de vous lire, n'a pas fait mieux : jusqu'ici elle n'a ouvert aucune entreprise de production; elle n'a créé aucune fabrique.

Cela lui serait bien difficile, en effet, et la déclaration de ses statuts est un peu téméraire.

Car, en premier lieu, la production ne peut jamais être faite utilement par des sociétés locales ou même régionales, parce qu'elles ne peuvent trouver parmi leurs membres une clientèle suffisante pour entretenir la production régulière des fabriques.

En Angleterre, et dans les autres pays, ce sont les Fédérations d'achats, les Wholesales, qui font la production, parce qu'elles peuvent grouper les commandes de milliers de sociétés et de millions de membres.

Et secondement, à Saint-Claude le fonds collectif destiné à cet emploi se trouve presque tout entier immobilisé en constructions, ou sous forme de caisse d'assurance pour servir des pensions de retraite ou des secours à ses membres.

Toutefois il y aurait peut-être un autre moyen pour les sociétés coopératives de consommation d'aborder la production; ce serait, sans s'en charger elles-mêmes, de contrôler et de commanditer des sociétés ouvrières de production qui fourniraient ce dont elles auraient besoin.

Tel est le système préconisé par l'école de Nîmes et très fréquemment réalisé en Angleterre (1). Mais est-ce cela que visait Saint-Claude ?

Non, car les partisans de la coopération collectiviste ne veulent pas des coopératives de production, même commanditées par les sociétés de consommation. Chose curieuse, ces socialistes ont beaucoup moins de confiance que les bourgeois de Nîmes dans l'aptitude des ouvriers à se gouverner eux-mêmes ! Ainsi le fameux mot d'ordre de Karl Marx : l'émancipation des ouvriers doit être l'œuvre des ouvriers eux-mêmes — ne doit être entendu qu'au sens d'émancipation collective de classe, et exclut tout effort d'émancipation individuelle ou par groupe !

Et pourtant on se trouve à Saint-Claude dans la région des associations coopératives de production ? Oui, mais la nature des choses rend presque impossible des relations entre la société de consommation et ces associations de production.

Quand la société de consommation de Saint-Claude pensait à s'entourer d'une couronne d'associations de production, il s'agissait évidemment d'associations pour produire des chaussures, des vêtements, du linge, des meubles, tout ce qui peut servir aux besoins des membres d'une société de consommation. Mais ici il n'y a rien de tel. J'ai dit dans une précédente leçon que c'étaient des associations de production pour la taille des diamants et autres pierres précieuses ou pour la fabrication des pipes. Or, il est clair que les ouvriers qui sont

(1) Voir dans le Cours de cette année *Le mouvement coopératif à l'étranger* le chapitre sur les relations entre les coopératives de production et celles de consommation.

membres des associations de production de Saint-Claude ne sont pas des consommateurs de diamants, rubis ou saphirs. Il est à croire qu'il doit se trouver, parmi les 4.000 membres de la coopérative, des fumeurs de pipes; mais une pipe, surtout en bois comme celles de Saint-Claude, et alors même que les coopérateurs de Saint-Claude casseraient souvent leur pipe, ne fournirait pas un débouché suffisant pour ces sociétés de production.

Le seul lien qui soit établi entre la société de consommation de Saint-Claude et les associations ouvrières de production qui l'entourent c'est un lien moral. On a établi une espèce de fédération pour l'éducation, pour donner certaines fêtes, pour ouvrir un cercle ouvrier.

Je ne puis entrer dans les détails sur les associations ouvrières coopératives de Saint-Claude parce que c'est en dehors de notre sujet. Je dirai seulement que certaines de ces associations de production ont imité les statuts de la Société de consommation de Saint-Claude et ont créé elles aussi un fonds perpétuel inaliénable, pour la postérité (1).

Indiquons seulement en passant comment une différence dans la nature des matériaux mis en œuvre, peut déterminer des différences dans l'évolution et la forme des industries. Les coopératives de lapidaires de Saint-Claude appartiennent à deux types différents : l'un, de la petite industrie, l'autre, de la grande industrie.

Les associations qui s'occupent de la taille des pierres précieuses, rubis, saphirs, émeraudes, topazes, font de l'industrie à domicile, parce que ces pierres, contrairement à ce qu'on pourrait croire, ne sont pas des pierres dures; elles peuvent se tailler facilement : il suffit que l'ouvrier, chez lui, dans son petit logement, ait un tour, avec une meule, qu'il met en mouvement par une simple pédale et avec lequel il taille les pierres précieuses.

Mais il n'en est pas de même pour le diamant. Le diamant est le corps le plus dur qui existe au monde; il ne peut être taillé que par lui-même, c'est-à-dire avec d'autres diamants ou de la poudre de diamant; et il faut une force motrice très supérieure à celle de l'homme, force hydraulique ou force

---

(1) Ces associations ont fait le sujet, ces derniers temps, d'une thèse de doctorat à la Faculté de Droit : « La coopération ouvrière de production à Saint-Claude », par M. Vialat.

électrique; il est donc indispensable de disposer d'ateliers munis de moteurs mécaniques.

§ 5. — La part de l'Ecole de Saint-Claude dans le mouvement coopératif.

Pour terminer avec la société de Saint-Claude, il faudrait voir ce qu'elle a donné, car bien que le succès ne soit certainement pas un critère exact de la vérité, cependant, quand il s'agit d'un mouvement social, il a une signification.

Quand on voit un programme comme celui de Rochdale conquérir le monde entier, il y a lieu de croire qu'il a en lui des vertus éminentes. En est-il de même du programme de Saint-Claude? Il n'en est rien. Malgré son caractère très intéressant, on peut dire qu'il n'a pas dépassé les limites d'une étroite région autour de Saint-Claude et qu'il est encore aujourd'hui une curiosité, disons, si l'on veut, une brillante exception dans le mouvement coopératif.

Le nombre des membres de la société de Saint-Claude est aujourd'hui de 4.000. Il y a beaucoup de sociétés qui ont un nombre supérieur, non seulement à l'étranger, où il y a des coopératives de 100.000 membres et plus, mais même en France.

Vous pourriez dire, il est vrai : mais Saint-Claude n'a que 16.000 habitants; donc, s'il y a 3.000 adhérents à la Coopérative, en comptant 4 personnes en moyenne par famille, ce sont les trois quarts de la population qui en font partie; que peut-on demander de plus ?

Ce n'est pas ainsi qu'il faut calculer. En effet, la coopérative de Saint-Claude ne se limite pas à la ville; elle s'étend sur 12 communes autour de Saint-Claude, soit environ 30.000 habitants. Elle ne comprend donc qu'une faible minorité de la population de cette région. D'ailleurs, la meilleure preuve que la société de Saint-Claude ne comprend qu'une minorité de la population de cette région, c'est que les deux tiers de ses ventes sont faites à des non-sociétaires, au public.

Et elle ne peut guère grandir. D'abord, parce que tous ceux qui ne sont pas syndiqués ne peuvent faire partie de la coopérative; secondement parce que même les syndiqués n'ont pas grand intérêt à faire partie de la coopérative. Il n'y a pas de distribution de boni; et qu'est-ce qu'une pension de retraite de

120 fr. ou qu'une indemnité quotidienne de maladie de 1 fr. 50 à 3 francs par jour ! Et quoi encore ? La perspective de travailler à la constitution d'un fonds pour le développement du socialisme futur ? Ce sont là des perspectives qui ne sont pas très excitantes, même pour des ouvriers.

Il en résulte qu'un très grand nombre d'habitants se contentent de profiter de ce que la société offre à tout le monde, et relativement à bon marché, des produits de bonne qualité.

Si au lieu de considérer le nombre de membres, nous considérons le chiffre des ventes, il n'est pas très élevé : en 1924 la société a vendu pour 6.300.000 francs de marchandises, ce qui, il est vrai, si on divise par le nombre de membres, 3.000, donnerait une moyenne de 2.000 francs d'achats pour chacun, très supérieure à la moyenne des coopératives en France.

Mais il ne faut pas oublier que ces 6 millions de ventes sont faites pour les deux-tiers au public, et que le tiers seulement est dû aux achats des sociétaires. Cette déduction faite, le chiffre de la vente moyenne par membre ne dépasse donc pas annuellement 6 à 700 francs, ce qui est peu de chose au cours actuel du franc.

La moyenne est de 830 francs pour les 2.000 sociétés adhérentes à la Fédération Nationale, et de 660 francs si l'on compte toutes les coopératives (4.000) existant en France.

D'ailleurs, ce n'est pas la moyenne générale de l'ensemble des sociétés qui doit être pris comme terme de comparaison quand il s'agit d'une coopérative exceptionnelle comme celle de Saint-Claude. C'est aux sociétés les plus avancées qu'il faut lui faire l'honneur de la comparer et alors on trouve pour celles-ci un chiffre d'achat beaucoup plus élevé.

Si nous regardons aux bénéfices de la société de Saint-Claude, il est assez faible aussi ; 242.000 francs seulement, ce qui pour un chiffre de vente de 6.300.000 francs représente moins de 4 %. Il est vrai que comme elle vend à des prix relativement bas, il est naturel que les bénéfices soient restreints.

Enfin, quant au fameux fonds social perpétuel qui doit servir aux générations futures, il s'élève actuellement à 611.000 francs (non compris le fonds de réserve ordinaire et la caisse d'assurance). Mais il est absorbé presque en entier dans les immeubles qui ne sont pas encore tous payés. En sorte qu'il ne rapporte rien pour le moment et ne grossit guère.

En somme, à la différence de la société de Rochdale qui compte tant d'enfants, la société de Saint-Claude n'a pas proliféré. Mais elle n'en est pas moins une expérience originale, intéressante. Elle s'oppose au régime de la société coopérative de consommation individualiste qui ne vit que pour elle-même, et pourtant elle ne se place pas non plus sous le régime qu'on peut appeler collectiviste, celui d'une grande Fédération Nationale des sociétés de consommation, embrassant toute l'activité économique du pays. Le Jura, comme je l'ai dit déjà, a été depuis très longtemps un centre d'activité socialiste originale se distinguant du collectivisme marxiste par un particularisme individualiste qui s'est manifesté sous une forme tragique dans la Commune de Paris. Je ne crois pas déconsidérer la société de Saint-Claude en disant qu'elle tend à réaliser, sous une forme pacifique quelque chose de semblable : la Commune souveraine, non seulement dans l'ordre politique mais dans l'ordre économique.

Le programme de Saint-Claude pourrait donc être classé dans le cadre de ce que M. Gaumont, dans son Histoire de la Coopération, appelle « la Communalisation ». Peut-être serait-il mieux de dire le Régionalisme, car ce programme vise à embrasser toute la vie économique et sociale de la région, consommation, récréation, etc. Elle n'est pas faite pour les sociétaires seulement : elle est faite, comme le dit expressément l'article premier de ses statuts, « pour tous les consommateurs ». C'est ce qui peut expliquer, et dans une certaine mesure justifier, la proportion anormale de vente au public. Elle est déjà le centre de la vie civique dans la région.

On peut retrouver là une inspiration plutôt proudhonienne. Proudhon était de Besançon, comme Fourier d'ailleurs, non loin du Jura.

CHAPITRE IX

SI L'ECOLE DE NIMES A AJOUTÉ QUELQUE CHOSE AU PROGRAMME DE ROCHDALE

§ 1. — Si elle peut être qualifiée de néo-coopératisme.

Le programme que nous avons attribué jusqu'à présent à l'école de Nîmes a été parfois qualifié de néo-coopératisme.

Néo-coopératisme est un titre flatteur, car il semble dire que l'Ecole de Nîmes a apporté quelque chose de nouveau dans le mouvement coopératif. Et alors se pose la question : a-t-elle vraiment apporté du nouveau et, si oui, en quoi ?

Si on rapproche l'œuvre de l'école de Nîmes du mouvement coopératif français tel qu'il existait durant le demi-siècle qui l'a précédée, nous pouvons répondre affirmativement, car nous avons vu qu'en effet elle a dégagé le mouvement coopératif de la politique bourgeoise et conservatrice dans lequel il s'enlisait pour lui donner un caractère sinon socialiste du moins socialisant. Nous avons vu, en effet (chapitre II) que pour les économistes la coopération n'était qu'une forme perfectionnée de l'épargne, un moyen plus rapide d'élever les prolétaires à la condition de petits propriétaires, tandis que le programme de l'école de Nîmes est de transformer dans son principe même l'ordre économique actuel en faisant passer le gouvernement économique des mains des producteurs à celles des consommateurs, en abolissant le profit et tous les prélèvements parasitaires d'où naissent les grandes fortunes, en établissant partout le juste prix.

Les coopérateurs pratiquants n'avaient pas alors un autre idéal que celui des économistes, et il était d'un ordre inférieur, car ils ne visaient même pas à faire de la coopération un instrument d'épargne mais simplement un moyen de vivre à meilleur compte ou de toucher quelques bonis. Isolés dans leurs petites sociétés ils se refusaient à tout prélèvement sur les bénéfices, à rien sacrifier de la répartition individuelle sous forme de contributions pour la création d'organisations centrales, ou de fabriques, ou de magasins de gros, ou d'œuvres de solidarité. Et même, comme nous l'avons vu par la triste fin de la *Moissonneuse*, elles ne donnaient pas toujours l'exemple de vertus supérieures à celles du commerce.

Mais par rapport au programme qui est devenu la charte du mouvement coopératif dans tous les pays du monde, par rapport au programme de Rochdale, peut on dire encore que l'Ecole de Nîmes ait ajouté quelque chose de nouveau, qu'elle s'en distingue par certains caractères originaux ?

L'Ecole de Nîmes s'est toujours présentée respectueusement comme fille de Rochdale. Et quand elle s'est dressée contre les vieux coopératistes français, elle arborait comme drapeau le programme des Pionniers en disant que c'était à celui-là qu'il fallait revenir et en se défendant modestement d'y rien changer.

Cependant, un mouvement ne vit pas pendant un demi-siècle sans prendre une certaine physionomie et sans laisser sa trace dans l'histoire des doctrines et dans l'action pratique. Toute doctrine évolue même entre les mains de ceux qui voudraient pieusement s'en faire les gardiens.

Dans son Histoire de la Coopération que j'ai citée plusieurs fois déjà, M. Gaumont, parlant de l'Ecole de Nimes, écrit (Tome II, p. 99) :

« C'est sous ce nom, qui allait devenir célèbre, que l'histoire désignera le petit cénacle des propagandistes du système et de la morale coopérative dont l'activité militante, la science économique, le désintéressement et la foi religieuse et sociale, contribueront plus que tous les autres à donner une forme et une constitution au mouvement coopératif français... en même temps qu'ils la conduiront à pratiquer la formule des Rochdaliens, mais en lui donnant toute la solide vertu d'une doctrine tout ensemble scientifique, morale et sociale... »

On peut dire, en effet, que l'Ecole de Nimes, a constitué en corps de doctrines ce qui n'était jusqu'alors que le programme spontané d'un mouvement ouvrier.

Mais il n'est pas très facile de fixer par des traits précis ce qui distingue ce programme de celui de Rochdale.

En ce qui concerne l'application pratique, c'est-à-dire pour les statuts des sociétés, elle s'en est tenue aux règles classiques, à savoir :

1° — sociétés ouvertes à tous, sans exclusion pour causes professionnelles, politiques, religieuses; c'est-à-dire ce qu'on nomme, à tort d'ailleurs, le principe de neutralité ;

2° droit de vote pour tous les sociétaires, mais un seul vote par membre ;

3° actions de petite valeur et payables par fractions, pour être accessible à tous ;

4° vente au prix du commerce ;

5° vente au comptant, sans crédit ;

6° vente au public laissée facultative, mais plutôt conseillée ;

7° répartition du trop perçu entre les sociétaires au prorata de leurs achats ;

8° importance donnée à la production comme but ultime de la société de consommation ;

9° prélèvements pour la constitution d'un fonds collectif en vue de la propagande et de l'éducation.

En ce qui concerne cette dernière règle on peut dire que l'école de Nîmes l'a affirmée plus que les Pionniers, car contrairement à ce qu'on croit généralement, aucun prélèvement au préjudice de la répartition individuelle ne figurait dans les statuts des Pionniers (1), tandis qu'il n'y a aucune société, parmi celles issues ou inspirées de l'école de Nîmes, qui ne l'ait inscrite à la place d'honneur. Nous rappelons que dans les statuts originaires de l'*Abeille* de Nîmes fille directe de de Boyve, la part prélèvement pour le fonds collectif absorbait près de la moitié du trop perçu.

Mais les statuts ne signifient pas grand chose par eux-mêmes; il faut voir non la lettre mais l'esprit qui les anime.

§ 2. — L'inspiration morale et spiritualiste.

Dans la définition de l'école de Nîmes que nous venons de citer, on remarquera que M. Gaumont insiste sur l'inspiration morale — on pourrait même dire religieuse — qui la caractérise. En effet : en ceci elle se rattache au programme du *Christian Socialists* anglais du milieu du siècle dernier — et s'oppose à la doctrine d'Owen (2) et même à celle du socialiste français que pourtant, à d'autres égards, elle reconnaît pour son maître, Fourier. Les Pionniers de Rochdale, ou du moins les principaux d'entr'eux étaient owenistes, ce qui veut dire qu'ils croyaient comme Owen que la transformation du milieu social suffisait à transformer les hommes et à les rendre heureux. Le fondateur de l'école de Nîmes, de Boyve, était un chrétien pieux et pratiquant, et qui ne s'était fait missionnaire de la coopération que parce qu'il voyait dans la coopération une application de la doctrine évangélique. Quant à Fabre, s'il n'était pas chrétien il était du moins, comme nous l'avons dit, spirite et en communication constante, à ce qu'il croyait du moins, avec le monde d'au-delà.

---

(1) Voir le Cours sur *La Coopération à l'étranger (Angleterre)* p. 55.

(2) Pour l'opposition contre la doctrine d'Owen et celle *Christian Socialists*, voir le Cours de cette même année sur *Le mouvement coopératif en Angleterre*.

Nous avons eu plusieurs fois ici l'occasion de parler de la doctrine connue sous le nom de matérialisme économique, cette doctrine à laquelle Karl Marx a fait une si grande renommée et qu'il résume dans certaines paroles célèbres de son livre, maintes fois citées, telle que celle-ci :

« De même que le moulin à eau a fait l'économie médiévale, de même la machine à vapeur a fait l'économie moderne. »

ou encore cette autre :

« Il n'y a dans toute la vie, même intellectuelle et morale, de l'humanité qu'un reflet des phénomènes économiques dans le cerveau humain. »

Je ne voudrais point cependant, en parlant du matérialisme historique de Karl Marx et pour ainsi dire entre parenthèses, défigurer cette thèse en la présentant comme une sorte de fatalisme musulman, ainsi que pourraient le faire croire les passages que je viens de citer, si on les prenait à la lettre. Car si les marxistes enseignent que la civilisation est le produit du milieu économique, ils enseignent aussi que ce milieu économique est lui-même un produit de l'homme.

Il est évident en effet que si c'est la machine à vapeur qui a créé l'économie moderne, c'est l'homme lui-même qui a créé la machine à vapeur. Tout le milieu économique et tous ces facteurs ne sont que le produit du travail et de l'invention — d'autant plus que dans la doctrine marxiste le facteur nature est systématiquement omis ou considéré comme négligeable. En sorte que le matérialisme économique consiste moins à dire que l'homme est déterminé par les facteurs extérieurs et matérialistes, qu'à dire qu'il se détermine lui-même et lie sa postérité par chacun de ses actes.

Au reste, c'est une tendance très générale à expliquer l'évolution économique par des causes extérieures, et il faut reconnaître que cette méthode est parfois très séduisante. Pour en citer un exemple amusant, j'ai lu récemment une explication de l'abolition de l'esclavage, simplement par l'invention du collier à traction pour les chevaux, inconnu paraît-il aux anciens, et qui aurait permis de remplacer à la charrue le travail des esclaves par celui des chevaux.

C'est ainsi encore qu'une école, qui est pourtant d'une haute inspiration morale, l'Ecole de Le Play ou plutôt celle de Demolins, voit dans le milieu géographique l'explication de toutes les formes de civilisation. Elle explique, par exemple, comment les fjords de Norvège ont été le berceau des émigrants normands qui ont fait la civilisation européenne, et comment, au contraire, les grandes plaines de l'Asie centrale ont fait les peuples nomades et les civilisations sémitiques. Et toute l'histoire prend ainsi le caractère passionnant d'un roman.

Il est à remarquer qu'au contraire la doctrine matérialiste marxiste n'attache que peu d'importance aux facteurs géographiques ou géologiques. Par exemple il a existé des mines de houille de tout temps ; quelle influence a eu ce sous-sol sur la civilisation ? Aucune, jusqu'à hier. La houille n'a agi sur la civilisation que du jour où elle a trouvé un milieu capitaliste, une grande industrie et un salariat discipliné, pour l'exploiter et l'utiliser.

Il est aussi fort à la mode aujourd'hui d'expliquer l'évolution non par des facteurs matériels extérieurs mais par les instincts animaux, c'est-à-dire de ramener la psychologie à la physiologie. Cette méthode est parente de la précédente.

Dans un des livres qui a eu le plus de retentissement en ces derniers temps, un allemand israélite, Freud, présente l'instinct sexuel comme donnant l'explication de toute la vie mentale, sociale et morale.

Pour d'autres, l'amour maternel n'a pas d'autre origine que l'afflux douloureux du lait dans les mamelles de la femme et la jouissance qu'elle éprouve à les dégager.

Cette façon de ramener les plus nobles sentiments à des causes purement animales peut avoir un fonds de vérité : nous ne pouvons ignorer que l'homme est un animal, mais on peut penser qu'il doit faire effort pour cesser de l'être, au lieu de s'y complaire. Cet effort de l'homme pour se libérer à la fois de ses origines biologiques et du milieu qui le façonne, c'est ce qu'on nomme en langage religieux la conversion — et c'est la base de tout l'enseignement évangélique : « il faut naître de nouveau » dit l'Evangile.

Eh bien, c'est cette idée de la conversion que l'école de Nîmes transpose dans l'ordre social. Elle ne dit point du tout que le milieu social soit indifférent. Elle ne nie point que les enfers sociaux, qui sont les faubourgs des grandes villes industrielles modernes, ne soient presque incompatibles avec tout progrès moral. Aussi a-t-elle apporté le concours le plus fervent à toute œuvre ayant pour objet l'hygiène sociale, supprimer le logement insalubre, proscrire l'alcool, créer des milieux salubres et gais, mais elle ne croit pas qu'il suffise de changer le milieu, de construire des maisons neuves et des cités-jardins, pour résoudre la question sociale. Ce qu'il faut changer c'est l'état d'âme de tous — ouvriers et capitalistes.

Et quand Jésus a annoncé à ses disciples l'avènement du Royaume de Dieu et que ceux-ci s'attendaient à le voir descendre du ciel dans une gloire, il a ajouté cette parole qui a dû les consterner : le Royaume de Dieu est au-dedans de vous. De même aussi quand les apôtres de l'École de Nîmes annonçaient la République Coopérative, ils pensaient bien que cette cité nouvelle ne vaudrait que ce que vaudraient ceux qui la bâtiraient.

Voilà pourquoi l'École de Nîmes pense que toute la question sociale se ramène en fin de compte à une question morale, et que c'est précisément le caractère de la coopération d'apporter dans l'ordre économique ce facteur moral qui est l'aide mutuelle et qui a pour devise : chacun pour tous.

On dira que c'est là du mysticisme évangélique et on ajoutera même un peu niais ! Pourtant nous trouvons dans les écrits des socialistes révolutionnaires eux-mêmes l'aveu que cette transformation morale est indispensable. George Sorel, l'apôtre « de la violence », dans sa célèbre brochure *L'Avenir des Syndicats,* déclare ceci :

« Le succès de la révolution sociale est impossible sans une évolution morale accomplie. »

Il est vrai que pour cette transformation morale il ne compte ni sur la religion, ni même sur l'enseignement de la morale, mais sur l'action moralisatrice du groupement professionnel — ce à quoi nous ne croyons pas.

Mais voici un socialiste militant, qui est aussi éloigné que possible de toute inspiration ou sympathie religieuse, qui même, dans ses articles de journaux et discours de réunions publiques, a montré la plus grande indulgence, sinon même de la sympathie, pour toute licence des mœurs, M. George Pioch. Or il écrivait récemment ceci dans un journal socialiste (12 mars 1922) :

« Le Communisme, c'est la forme organisée et pacifique de l'Amour. Vous n'y trouverez pourtant que ce que vous y apporterez.... des hommes violents et injustes, si le « vieil homme » n'est pas tué en vous ; des hommes meilleurs et justes, si vous avez couché le vieil homme dans le linceul vulgaire où vous allez rouler la bourgeoisie capitaliste.

« Révolution pour les autres, oui; révolution dans les mœurs, dans l'économie, dans la politique, dans l'idéalisme, dans l'amour même... Mais, d'abord, révolution sur nous-mêmes, sur vous-mêmes.

« C'est toute la grâce que je vous souhaite. »

Les lecteurs habituels du journal eûssent été bien surpris si on leur eut dit que M. Pioch leur répétait un verset de St-Paul !

§ 3. — L'élimination de l'esprit de lucre.

L'élimination du profit, assigné comme but à la coopération, n'est pas une idée dont l'école de Nîmes puisse précisément réclamer la paternité, car bien avant elle le socialiste Owen en avait fait la base de son système. Toutefois il semble que les Pionniers de Rochdale et généralement les coopérateurs anglais l'aient un peu perdue de vue, car le dividende ou, comme ils disent familièrement, le divi, est devenu l'objet principal de leurs préoccupations : leurs sociétés rivalisaient naguère à qui distribuerait les plus gros bonis.

Sans prétendre supprimer la distribution des bonis, les coopérateurs français se sont appliqués : 1° d'abord à bien marquer en quoi ces bonis différaient des profits ou dividendes ordinaires des sociétés capitalistes, et cette distinction a apparu avec une clarté admirable dans le mot même par lequel ils les ont désignés : « trop perçu » ou « ristourne » ; 2° à bien définir le mot de profit afin de distinguer quelle est en lui la part que la coopérative veut éliminer et celle, au contraire, qu'elle respecte et maintient. Même les définitions données dans les traités d'économie politique n'étaient pas sur ce point très satisfaisantes. Le mot de *profit*, dans son acception économique, désigne le revenu net que le patron ou l'entrepreneur, retire de l'entreprise qu'il dirige — après avoir déduit toutes ses dépenses et frais généraux, y compris la prime d'assurance contre les risques inhérents à toute entreprise. Ils distinguent ainsi le profit du *salaire* qui est le revenu du travail, de la *rente* qui est le revenu du propriétaire foncier, et même de l'*intérêt* du capital. Mais les économistes n'ont pas tardé à remarquer que ce revenu qualifié de profit n'était pas, comme les trois autres, un élément simple, mais un revenu complexe dans lequel se trouvaient combinés les trois autres catégories de revenus, car il est clair que l'entrepreneur a droit d'abord, et aussi bien que l'ouvrier, à un salaire pour son travail de direction, puis à un intérêt du capital qu'il a engagé dans l'entreprise et même à un prix de location s'il est propriétaire des terrains. Donc tout ce que l'entrepreneur touche à ce triple titre ne constitue pas, à vrai dire, une catégorie spciale de revenus et il n'y avait pas lieu de la désigner sous un nom spécial.. Le nom de profit devrait être réservé seulement à ce qui reste dans les bénéfices de l'entrepreneur après qu'il a touché ce à quoi il a droit au triple titre que nous venons d'indiquer.

Et afin d'éviter toute confusion entre cet excédent et les trois catégories de revenus que nous venons d'analyser, il faudrait lui trouver un nom spécial autre que celui de profit. Nous l'avons nommé « le surprofit » (1).

Mais il faut dire que bon nombre d'économistes assurent que ce « surprofit » n'existe pas. Sous un régime de libre concurrence, disent-ils, le prix de toute chose se trouvant ramené au coût de la production et le coût de production se composant lui-même de la rémunération nécessaire des trois facteurs de la production, travail, capital, terre — l'entrepreneur ne pourra rien toucher en plus. Comme le dit l'économiste Walras, dans une formule saisissante : sous un régime de libre concurrence parfait, le taux du profit (ou surprofit comme nous préférons le nommer) serait zéro.

Soit ! mais ce régime de libre concurrence absolu n'a jamais existé et existe de moins en moins, au fur et à mesure que les producteurs apprennent à s'entendre, à se coaliser, à se protéger contre la concurrence intérieure ou étrangère. En fait, tout fabricant se trouve plus ou moins en possession d'un monopole, temporaire et précaire, il est vrai, qui lui permet de toucher un surprofit. La preuve c'est que s'il arrive que son entreprise ne lui rapporte que juste l'intérêt de son capital, le salaire de son travail, et le loyer de son immeuble, il s'estimera lésé et probablement renoncera à l'entreprise.

Et pourtant cet excédent, ce surprofit, n'a aucune cause légitime à la différence des trois autres catégories de revenus qui, eux, s'expliquent par la nécessité de rémunérer les facteurs de la production. Mais le surprofit n'est dû qu'à la loi de l'offre et de la demande qui permet généralement aux produc-

---

(1) Voir le Cours sur *La Lutte pour le Profit*.

teurs d'obtenir un prix supérieur au prix de revient. Or c'est ce revenu-là que la coopération veut abolir, parce qu'inutile et par conséquent prélevé indûment sur le consommateur. La Coopération respecte le profit, qualifié à tort de ce nom, qui n'est que la rémunération des services rendus à la production : non seulement elle ne veut pas l'abolir mais elle lui fait place dans le budget de toutes les sociétés, en allouant un salaire à la direction, généralement aussi, hormis quelques coopératives socialistes, un intérêt au capital. Mais c'est tout : il n'y a rien à compter en plus : tout ce qui est en plus c'est de l'usure, c'est du lucre, au vieux sens de ces mots et qui ne peut exister qu'autant qu'il a été pris indûment à l'acheteur : il faut donc le lui restituer.

On peut présenter cette thèse sous une forme un peu différente mais peut-être plus claire. Au lieu de dire que la coopérative a pour but l'abolition du profit, ce qui peut prêter à confusion à raison du sens complexe du mot profit, il suffit de dire qu'elle a pour but l'établissement du juste prix. Le juste prix implique en effet la suppression du profit, au sens où nous avons défini ce mot, puisque le prix ne peut être juste que s'il est débarrassé, épluché, de tous les éléments parasitaires, de toutes les majorations sans cause, et s'il est ramené à ses éléments nécessaires qui sont la rémunération du travail et du capital.

Telle est l'analyse que l'école de Nîmes a fait du profit et en quel sens elle explique son abolition par la Coopération. Elle a été sans doute inclinée en ce sens par le caractère semi-religieux que j'indiquais tout à l'heure — car si la condamnation du profit se trouve dans la doctrine d'Owen qui était athée, elle se trouve encore plus dans l'enseignement de toutes les religions et non pas seulement de celle chrétienne. Celle-ci, il est vrai, a anathématisé l'esprit de lucre — dans le langage biblique des protestants anglais ou américains on dit Mammon — avec une véhémence qui n'a jamais fléchi, depuis les prophètes dénonçant les marchands de Tyr et de Sidon, jusqu'à Jésus chassant à coups de fouet les marchands du Temple — mais l'Islamisme aussi condamne le profit. Je lisais, il n'y a pas longtemps, dans un roman égyptien, *Mansour*, ces paroles d'un Musulman pauvre du Caire, à qui on vante les richesses créées en Egypte par les capitalistes anglais, richesses qui justifient, lui dit-on, leur souveraineté, et qui répond avec un mépris superbe :

« Les infidèles n'ont en vue que l'argent ; ce sont eux, en effet, qui font que tout marche si bien ! C'est Dieu qui leur a assigné ce rôle, en quoi ils sont, à leur insu, nos serviteurs. »

L'abolition du profit est-elle possible, réalisable et, en admettant qu'elle le soit, n'aurait-elle pas pour résultat d'arrêter tout le mouvement économique, toute l'activité industrielle, puisque celle-ci n'a eu pour moteur, jusqu'à présent du moins, que le profit ? Il est vrai que si l'abolition du profit était généralisée, si toutes les entreprises devenaient des entreprises sans but lucratif, la source même de toutes les grandes fortunes se trouverait tarie, car c'est uniquement de ce surprofit, de ce trop perçu, qu'elles naissent : ce n'est nullement du travail ni de l'épargne. Ceux-ci ne peuvent créer que des fortunes très modestes. On cite des milliardaires qui sont partis de rien, c'est entendu. Mais ce n'est jamais par leur travail personnel et par l'épargne faite péniblement sur le produit de leur travail, qu'ils ont accumulé ces milliards ou même seulement quelques modestes millions, c'est en fondant des entreprises et en vendant au-dessus du prix de revient.

Maintenant faut-il croire que l'existence de grandes fortunes et la chance offerte à tous de gagner le gros lot est un stimulant indispensable de l'activité économique ? Je ne me risquerai pas à affirmer que ce n'est point à craindre : nous ne pouvons discuter ici ce problème (1). Disons seulement que la coopération s'applique à démontrer que ce stimulant n'est pas indispensable, en nous montrant de grandes entreprises, dont quelques unes riches à centaines de millions, qui vivent sans attente de profit — et aussi les entreprises d'Etat et régies municipales.

Elles sont pitoyablement gérées, dit-on, et plus onéreuses pour le public que celles des profiteurs ! — C'est possible, mais toujours est-il que nous voyons s'ouvrir un champ de plus en plus vaste où l'activité économique s'exerce sans but lucratif.

§ 4. — La coopération non monopole de la classe ouvrière mais pour tous.

Le programme de Rochdale a été fait uniquement par des ouvriers : tous les 28 étaient des ouvriers, des tisseurs —

(1) Voir le Cours sur *La Lutte pour le profit.*

tandis que l'école de Nîmes a été fondée uniquement par des bourgeois. Il serait invraisemblable que cette différence d'origine entre Rochdale et Nîmes n'entraînât pas certaines différences dans leurs programmes sociaux.

Et voici en effet la différence essentielle : c'est que les Pionniers de Rochdale n'ont eu en vue dans la coopération que l'ouvrier tandis que l'école de Nîmes regarde au consommateur, c'est-à-dire à tout le monde, ouvriers compris, bien entendu. Ce changement de point de vue change toute l'orientation du mouvement. La coopérative de consommation n'est plus une institution de classe mais l'amorce et l'embryon d'une économie nouvelle sans distinction de classes.

Remarquons bien que ce changement de point de vue n'implique aucune dépréciation du rôle de la classe ouvrière dans le mouvement coopératif. Nous reconnaissons que non seulement en Angleterre mais dans un grand nombre de pays, la coopération a été ouvrière dans ses origines, alors que les économistes l'ignoraient ou la méprisaient. Pour cela tous les coopérateurs doivent rendre hommage à la classe ouvrière. Et plus encore, j'ai fait remarquer déjà que l'école de Nîmes avait été créée en réaction contre la conception de la coopération bourgeoise qui avait été jusqu'alors enseignée et pratiquée en France — et encore aujourd'hui j'ai reconnu en maintes circonstances que les coopératives les plus vivantes, celles qui pouvaient obtenir de leurs membres le maximum d'efforts et de sacrifices, c'étaient les coopératives ouvrières, tandis que celles bourgeoises, là où elles ne végétaient pas misérablement, dégénéraient trop souvent en sociétés quasi-capitalistes, dont les membres ne se préoccupaient que de toucher les plus gros bonis possibles. Oui, c'est entendu, mais nous pensons néanmoins que la coopération est appelée, par sa loi et par sa destinée à ne pas rester exclusivement ouvrière mais à devenir humaine, dans la signification la plus large du mot. C'est son devoir, c'est sa loi, c'est l'appel de sa destinée, c'est ainsi qu'elle réalisera l'admirable image de Jaurès : « c'est en allant vers la mer que le fleuve est fidèle à sa source ». Oui, c'est en se faisant toute à tous que la Coopération doit réaliser et élargir ses origines ouvrières.

Et c'est pour cela que l'école de Nîmes proteste contre cette conception de la coopération qui voudrait en faire la propriété, le monopole, de la classe ouvrière, ou comme on dit, du prolétariat. La coopération ne veut plus de prolétaires, et du jour où elle serait pleinement réalisée, il n'y en aurait plus.

Dans un article récent du journal qui est l'organe des coopérateurs communistes, le rédacteur, après avoir résumé, assez exactement au reste, le programme de l'école de Nimes, tournait en ridicule toute cette logomachie petite-bourgeoise, aboutissant à une République Coopérative et « cette conception enfantine de la coopération ouvrière et paysanne ravalée au rang d'une amélioration de l'humanité » et concluait en ces termes :

« L'idée que se fait la classe ouvrière de la coopération est bien plus simple : elle doit être la maison des pauvres, des salariés, maison dans laquelle les marchandises doivent être moins chères que chez les mercantis. »

Eh bien, en effet, nous nous faisons de la Coopération une idée plus large que celle d'une maison des pauvres.

La statistique vient d'apporter à ce programme une confirmation remarquable, en nous montrant que dans presque tous les pays la coopération englobe dans ses rangs une proportion de plus en plus considérable, je ne dirai pas de riches bourgeois, mais de représentants de la classe moyenne, agriculteurs, travailleurs indépendants. Et ainsi le mouvement coopératif s'achemine peu à peu vers notre idéal d'une organisation embrassant la Nation tout entière.

Voici quelques chiffres que j'ai cités d'ailleurs.

En Allemagne, on a calculé à vingt ans de distance, en 1903 et en 1923, la proportion des catégories sociales comprises dans les coopératives adhérentes à l'Union Centrale.

En 1903, il y avait 78,3 % de salariés et 21,7 % de coopérateurs appartenant à la classe non salariée, c'est-à-dire artisans, petits propriétaires, rentiers, professions libérales, etc.

La classe des salariés formait donc plus des trois quarts, presque les 4/5e de l'ensemble.

En 1923, la proportion se modifie ainsi : 67,6 % de salariés, c'est-à-dire un peu plus des deux tiers ; 32,4 % de catégories non salariées, donc un tiers (1).

(1) La même répartition, et plus marquée encore, vient d'être constatée dans les Coopératives de Pologne :

Ouvriers.........	55,5 p. 100.
Agriculteurs ...	24 —
Employés	11,5 —
Divers	9 —

Et si ce mouvement continue, proportion décroissante pour les salariés, ascendante pour les non salariés, il n'est pas impossible que dans un certain nombre d'années, les prolétaires, comme on dit, se trouvent en minorité dans le mouvement coopératif.

Ceux qui prennent pour mot d'ordre la lutte de classes, s'inquièteront certainement de ce déplacement, parce qu'il diminue leurs forces et leurs chances de succès. Mais pour l'Ecole de Nimes, elle s'en réjouira parce qu'elle y verra un élargissement de l'organisation coopérative annonçant le jour ou celle-ci pourra abriter la population tout entière.

Seulement, cet afflux des classes moyennes, qui apportent là une mentalité plus ou moins capitaliste, obligera à redoubler le travail d'éducation solidariste, de même que pour les syndicats lorsqu'ils voient venir à eux les masses ouvrières. Ils y gagnent en nombre et par là en prestige et en richesse, mais ils perdent en vitalité.

Cette conception du but de la coopération peut faire croire que l'Ecole de Nimes a une certaine défiance de la classe ouvrière. Il faut s'entendre. Elle n'a pas de défiance vis-à-vis de la classe ouvrière spécialement, mais il est vrai qu'elle en à vis à vis de ces intellectuels qui encensent les ouvriers avec la même platitude que celle des courtisans de Louis XIV.

On peut en juger par quelques citations comme celle-ci que j'extrais d'un article d'un disciple de Sorel, dans la revue *Le Mouvement Socialiste* (juillet 1906) :

« Le mouvement ouvrier porte les destinées de l'avenir. C'est en lui seul que revivent les éléments éternels de la culture, le sens de la dignité, le goût de la liberté, l'esprit d'indépendance, de sacrifice et de lutte. Par delà les ruines de la décadence bourgeoise, il demeure le dépositaire des sentiments sublimes qui soutiennent le monde et il reste le gardien héroïque de la civilisation. »

Nous ne méconnaissons pas, certes, tout ce qu'il y a de noblesse dans le travail et particulièrement dans le travail manuel. Mais quant à lui attribuer le monopole de toutes les vertus, de l'esprit de sacrifice et de la garde de la civilisation, je trouve qu'il se trouvât même un ouvrier pour se donner de l'encensoir de cette façon.

Comme contraste avec le passage que je viens de lire, on pourrait citer ce passage d'un Italien, Prezzolini :

« Celui qui représente aujourd'hui le travail, la fatigue, l'orgueil de produire, c'est l'industriel plutôt que le prolétaire, c'est le capitaliste plutôt que le salarié. »

Si, en effet, il y a des parasites dans le monde capitaliste, combien y a-t-il aussi d'industriels, de chefs d'entreprise, non seulement en Amérique mais dans tous les pays et même en France qui travaillent, non pas huit heures par jour, mais parfois nuit et jour pour créer une entreprise ! et non pas seulement, comme on dit, pour gagner de l'argent, — qu'ont-ils à faire, ces milliardaires, de quelques millions de dollars de plus — mais pour créer la richesse et parce que c'est leur joie. Je ne dis pas que ce soit la plus noble des joies; mais elle est tout de même d'un ordre supérieur à celle que l'on cherche dans la jouissance.

Néanmoins l'école de Nimes ne fera pas de panégyriques en l'honneur des capitaines de l'industrie, pas plus que pour les travailleurs manuels. Elle ne veut, comme nous l'avons dit déjà, se fier à aucune catégorie de producteurs, pas plus patron qu'ouvriers, pour gouverner le monde économique, parce qu'elle sait que les uns comme les autres représentent des intérêts professionnels ou de classes (1).

On dénonce sans cesse, et non sans raison, le cynisme avec lequel les industriels, par leurs trusts et leurs coalitions, les commerçants par leurs spéculations, les agriculteurs par leurs

---

(1) On vient de célébrer, à Stockholm, l'anniversaire de la mort de Branting, et le président du gouvernement socialisme actuel, M. Rikard Sandler, a prononcé un discours caractérisant les vues du défunt leader socialiste suédois et qui peuvent très bien aussi être données comme caractéristiques de l'École de Nimes :

« Branting, regardait naturellement l'émancipation de la classe ouvrière comme un facteur considérable de progrès, mais il estimait comme une erreur dangereuse d'identifier totalement le mouvement ouvrier avec le progrès général, et de traiter la bourgeoisie comme un seul bloc réactionnaire. Car d'une part la classe ouvrière contient elle-même de forts instincts bourgeois; d'autre part la bourgeoisie, qui fut longtemps la seule promotrice du progrès, contient toujours les mêmes forces de ce même progrès. Branting pouvait, sans rien abandonner de sa conviction socialiste, lutter contre les abus des forces capitalistes, tout en reconnaissant leur capacité de travail et leur importance pour le progrès... Aussi, chaque socialiste doit-il comprendre que seul un effort de pensée gigantesque peut permettre d'entrevoir ce que pourrait être une société future supérieure à l'ordre actuel, et il doit reconnaître que l'avènement d'un nouvel ordre ne peut sortir que de l'évolution progressive de l'ordre capitaliste lui-même. »

revendications protectionnistes, les propriétaires des maisons en exploitant la pression du surpeuplement — se dressent contre l'intérêt public, et on réclame contre eux des taxations. Mais pense-t-on que les ouvriers soient mieux disposés à incliner leurs revendications devant l'intérêt général ? Eux-mêmes déclarent que l'intérêt général est une absurdité, qui n'a été inventée que pour les mettre en échec, et qu'il ne saurait exister un intérêt général au-dessus et en dehors de la classe ouvrière.

Jouhaux, lui-même, qui est un esprit si pondéré mais ne peut oublier qu'il est Secrétaire de la C. G. T., a fait dernièrement voter l'ordre du jour que voici :

« Le Comité Confédéral National considère que le salaire doit conserver sa capacité d'achat en toutes circonstances et en tous lieux. Il proteste par avance contre les prétentions de ceux qui voudraient subordonner les salaires à la situation de l'industrie à un moment et dans un pays déterminés. »

Pour prendre un exemple qui est de ce matin, voici que les ouvriers maçons, qui touchent 5 et 6 fr. par heure, se mettent en grève et menacent même d'une grève générale pour réclamer 7 et 8 fr. de l'heure, c'est-à-dire 56 à 60 fr. par jour, et qui interrompent leur travail à l'heure précisément où la disette des logements est si grande et où le travail de reconstruction est si urgent. S'ils étaient animés par cet esprit que les disciples de Sorel exaltaient, ne pense-t-on pas qu'ils feraient peut-être quelques sacrifices aux nécessités actuelles de la situation industrielle.

Le conflit est encore plus frappant quand il s'agit de services publics. Récemment à la Chambre, un des leaders du parti socialiste, M. Léon Blum, disait : « Nous nous refusons, pour notre part et de façon formelle, à admettre que la cessation concertée dans les services publics ait le caractère d'une faute ou d'un délit ». Si pourtant on se place au point de vue du consommateur, ce fait apparaîtra, sinon comme un délit, du moins comme une faute contre la solidarité.

§ 5. — De la nécessité de coordonner les diverses formes de la coopération.

Dans la coopération anglaise, l'Ecole dite fédéraliste est devenue tout à fait prépondérante et, dans le sentiment de sa puissance, elle n'est disposée à tolérer les autres formes de l'association coopérative — production, crédit, habitation même. Elle s'estime de taille à les remplacer toutes par ses nombreuses fabriques, sa colossale Banque, et même par les constructions de logements que ses sociétés font elles-mêmes. Même en ce qui concerne les coopératives agricoles, peu nombreuses jusqu'à présent en Angleterre, les Wholesales ont essayé de s'en passer en exploitant elles-mêmes directement des fermes.

Toutefois sur ce dernier point, il semble que la grande Fédération coopérative anglaise, découragée par ses insuccès, se résigne à abandonner l'agriculture aux associations spécialement constituées à cet effet.

L'Ecole de Nimes s'est montrée moins impérialiste et plus accueillante à toutes les formes de la Coopération. Ce n'est point qu'elle les mette sur le même rang ; c'est elle-même qui a annoncé et proclamé « le règne du consommateur », ce qui veut dire que la société de consommation doit devenir — ou rester puisqu'elle l'est déjà — le centre de tout le mouvement coopératif, le cœur de la République Coopérative qu'elle a annoncée aussi. Mais elle ne voudrait pas que ce gouvernement des consommateurs se transformât en société collectiviste et étouffât toute initiative individuelle. En ceci elle est animée du même esprit qui inspirait les socialistes chrétiens et qui survit aujourd'hui dans l'école de la *copartnership*. C'est pourquoi elle a montré toujours une grande bienveillance pour les associations coopératives de production, tant celles ouvrières industrielles que celles agricoles, et a cherché à établir quelque mode d'organisation qui permit de les utiliser sans les éliminer. Elle savait bien que le champ occupé par ces associations ouvrières de production est restreint et que leurs perspectives paraissent très limitées, néanmoins elle leur sait gré de la fidélité avec laquelle elles maintiennent depuis 80 ans le vieil idéal socialiste de 1848.

Et ce n'est pas seulement aux associations de production qu'elle voudrait faire place mais même à l'entreprise purement individuelle ; elle voudrait lui laisser les quelques petits jardins fleuris de la fantaisie et de la nouveauté.

De même dans le domaine agricole elle n'accepterait pas volontiers que la République Coopérative eût pour effet de transformer le paysan français en salarié d'un magasin de Gros ou d'une commune.

Dès 1887 déjà, au lendemain de sa naissance, au Congrès

de Tours, elle avait invité le vice-président de l'Union des Syndicats agricoles, M. Deusy, à formuler un programme d'entente entre les coopératives de consommation, et M. Georges Maurin, un Nîmois, fut chargé de présenter un rapport sur cette question. Au cours de quarante ans écoulés bientôt, ce programme n'a pas fait de grands progrès, quoique repris en maints Congrès et, récemment encore, au Congrès International de Gand de 1924.

Quand l'Alliance Coopérative Internationale fut fondée en 1895, sur l'initiative de M. de Boyve, l'objet qui lui fut assigné ce n'était pas d'établir un lien entre les organisations coopératives de tous les groupes mais aussi entre toutes les formes de la Coopération dans chaque pays. Et telle fût en effet sa constitution au début : ce n'est que plus tard que l'incompatibilité reconnue entre les programmes et les aspirations des diverses formes coopératives, notamment avec les coopératives de crédit, détermina peu à peu la scission des coopératives agricoles d'abord, de celles de production ensuite, et laissa l'Alliance uniquement entre les mains des sociétés de consommation.

Mais cette incompatibilité est-elle fondamentale et insurmontable ? Nous ne désespérons pas encore. Pour ce qui concerne les coopératives agricoles il est vrai que la collaboration, ou même simplement l'entente sous forme de contrat de vente et d'achat, est difficile à raison de l'antagonisme d'intérêts entre le consommateur qui attend de cette entente le bon marché et le producteur qui, même quand il est enrôlé dans une coopérative de production, ne consent point à vendre à un prix inférieur à celui de son voisin non coopérateur. Ajoutez les oppositions de tendances entre les coopératives de consommation, plus ou moins socialistes et en tout cas libre échangistes, et les associations agricoles d'esprit plutôt conservateur et en tout cas protectionnistes (1).

Avec les coopératives ouvrières de production il semble que l'accord soit plus facile à réaliser, encore que depuis quarante ans on y travaille sans grand succès. Ne pourrait-on cependant établir une sorte de division du travail entre ces deux branches de la Coopération ?

Voici près de vingt ans déjà que, dans un article de l'*Almanach de la Coopération* pour 1909, M. Gignoux, lui-même direc-

(1) Voir le Cours sur *Les Associations Coopératives Agricoles*.

teur d'une coopérative de production, l'imprimerie *La Laborieuse*, suggérait une délimitation des attributions de ces deux formes de la Coopération.

Les organisations de consommation, dit-il, devraient ne créer des fabriques fédérales que pour la grande industrie, c'est-à-dire pour les denrées de grande consommation : minoteries, biscuiteries, savonneries, chaussures, vêtements confectionnés, etc. Mais elles devraient laisser aux associations de production les industries qui n'ont pas besoin de grands capitaux et où la main-d'œuvre tient la place prépondérante : industries du bâtiment, de l'ameublement, imprimerie, etc. Il y a des coopératives de coiffeurs ; ne serait-il pas ridicule de les collectiviser ? Et même dans les fabriques fédérales des sociétés de consommation, celles-ci pourraient faire place aux coopératives de production ouvrière sous forme de coopératives de main-d'œuvre ou, comme l'on dit aussi, de commandites d'atelier. Ce serait peut-être une solution de l'angoissante question du salariat dans les coopératives de consommation (1).

Mais, si la Coopérative de Consommation peut céder du terrain de ce côté, elle peut en gagner d'autre part, et dans des proportions quasi illimitées, en transformant le socialisme municipal en coopérative de consommation, car en somme ce n'est pas autre chose — sinon que cette coopérative de consommation municipale embrasse la population tout entière et que les cotisations y sont obligatoires sous forme d'impôts. Mais cela est tout naturel parce que le service que la Commune a pour objet de satisfaire est de sa nature commun à tous et quasi obligatoire — tels que l'eau, l'éclairage, les transports, les inhumations, l'instruction. Du jour où la municipalité et l'Etat lui-même prendront conscience de leur véritable fonction qui est de pourvoir le plus économiquement possible aux besoins de tous, ils se trouveront tout simplement coopératisés (1).

---

(1) Au jour où s'imprime ce livre, vient de paraître un livre de M. le professeur Bernard Lavergne — qui est aussi de Nîmes ! — ayant pour titre *L'Ordre Coopératif*, mais qui a pour objet de montrer que les régies municipales, notamment en Belgique, fonctionnent à la façon des sociétés coopératives de consommation. Voici comment l'auteur lui-même résume sa thèse :

« Etant donné que nous avons sous la main un moyen efficace de socialiser sans étatiser, il serait coupable et presque criminel de persévérer plus longtemps dans la voie de l'Etatisme. C'est donc à la formule coopérative que, raisonnablement, il se faudra désormais adresser

§ 6. — De l'avenir de l'Ecole de Nimes.

Quand il s'agit de l'avenir, le mieux est sinon de se taire du moins d'être bref. J'ai déjà dit (p. 67) que dans le Conseil Central de la Fédération Nationale, sur 36 membres il n'en restait plus que trois de l'ancienne Union de la rue Christine et de la première génération de l'Ecole de Nimes — mais la Coopération française est en bonnes mains avec ses directeurs actuels. Au reste, l'école de Nimes, proprement dite, n'est pas près de mourir.

L'*Emancipation*, son plus ancien organe, vit toujours, quoique modestement, et maintient ou renouvelle sa vaillante petite équipe. Gignoux en est à la fois l'imprimeur, l'éditeur, un des principaux rédacteurs, et en ce qui concerne l'action pratique, se trouve en même temps directeur de la coopérative ouvrière qui imprime le journal et président de la vieille société de consommation l'*Abeille*, réalisant ainsi en sa personne l'entente que nous souhaitons entre ces deux formes, trop souvent antagonistes, de la Coopération. L'*Emancipation* a aussi parmi ses collaborateurs Affre, directeur d'une autre coopérative de la ville de Nimes, beaucoup plus jeune que l'*Abeille* mais qui a de beaucoup dépassé son aînée. Cette petite revue compte encore quelques fidèles collaborateurs nimois qui ont connu de Boyve, le vénérable M. Benoit Germain, Maisonneuve, Antonin, mais elle en a recruté aussi dans un cercle plus étendu : Daudé-Bancel qui est sinon de Nimes du moins du Gard, M. Cernesson, professeur au lycée de Lons-le-Saunier, qui a été un des plus anciens militants de l'école de Nimes, nous avons eu déjà à en parler, mais dont la collaboration s'est un peu ralentie ces dernières années.

L'*Emancipation* a débordé en dehors du petit monde coopératif. Récemment elle a été appelée à prendre la suite d'une revue supra-intellectuelle, *Les Libres Propos*, et a eu l'honneur de recueillir ainsi, en outre de son rédacteur principal, le

---

chaque fois que la collectivité nationale ou des collectivités locales voudront socialiser des exploitations. Il est indubitable qu'il faudrait, en France, confier sans tarder à des régies coopératives la gestion des postes et des télégraphes et celle du réseau des chemins de fer de l'Etat, dont l'exploitation laisse, à divers égards, tant à désirer... »

L'avantage essentiel de l'ordre coopératif, dit Bernard Lavergne, c'est qu'il démocratise la répartition sociale des revenus sans ruiner la structure actuelle de la production.

professeur de Paris qui signe Alain, ses deux assistants, M. et Mme Alexandre, professeurs aux lycées de Nîmes. Et quoique en s'engageant dans un domaine nouveau, celui de la politique internationale, *l'Emancipation* ait provoqué d'assez vives protestations, nous croyons pouvoir dire qu'elle est restée fidèle à l'esprit coopératif qui veut la paix sociale et internationale mais dans la vérité.

La Revue des Etudes Coopératives, de date récente, peut être considérée aussi comme un organe de l'Ecole de Nîmes en ce sens qu'elle a pour directeur M. Bernard Lavergne, professeur d'économie politique à la Faculté de Droit de Lille, qui non seulement tient à Nîmes par sa famille et sa naissance, mais a participé aux réunions de la rue Christine et qui a été un des co-signataires du Pacte d'Unité en 1912 (voir p. 65). Auteur de gros et importants volumes, déjà fort appréciés — plus à l'étranger qu'en France, ce qui est le cas, hélas ! de tous les livres sur la Coopération — nous comptons sur lui pour donner à la Coopération ce qui lui manque encore : une théorie générale.

En ce qui concerne les réalisations pratiques, il est vrai que les résultats sont moins satisfaisants et Nîmes n'est pas devenu le foyer coopératif que l'on était en droit d'attendre de ce Rochdale français. On n'y trouve que les deux sociétés de consommation et la coopérative ouvrière de production que nous venons de nommer. De ces deux sociétés de consommation, la plus ancienne, la fille de M. de Boyve, *l'Abeille*, ne compte que 2.000 sociétaires — chiffre dérisoire pour une ville de 80.000 habitants — et encore très peu assidus, car elle n'arrive pas à 2 millions de vente, mais c'est parce qu'elle se recrute surtout dans la classe bourgeoise. Cependant elle semble se réveiller un peu ces derniers temps, grâce à une nouvelle direction. L'autre compte 3.000 membres, avec une moyenne d'achat qui est une des plus élevées de France, environ 3.000 francs par membre, mais c'est une société professionnelle, réservée aux employés de la Compagnie P. L. M. — qui pour la plupart sont étrangers à la ville — et à laquelle malheureusement le public n'a pas accès.

Le Congrès national des sociétés de consommation doit se tenir l'année prochaine à Nîmes : c'est un hommage que la Fédération Nationale veut rendre à la mémoire des fondateurs de l'école de Nimes, et les arènes, où les combats de gladiateurs avaient été remplacés par les courses de taureaux, qui ne valent guère mieux, serviront cette fois de théâtre à une fête coopérative. Ce sera un bon enseignement.

Peut-être ceux des coopérateurs étrangers qui liront cette histoire trouveront que j'ai porté à l'actif de l'école de Nimes bien des choses qu'ils peuvent aussi bien revendiquer. Tant mieux ! mais ne revendiquons rien et réjouissons-nous de tout ce qui contribue à l'œuvre commune. Les coopérateurs ne devraient même pas connaître des dénominations d'écoles. L'école de Nimes n'a voulu être qu'un de ces modestes affluents dont la destinée est d'aller grossir un peu le grand courant de la coopération universelle et de s'y perdre joyeusement.

TABLE DES MATIÈRES

AMIENS - IMP. NOUVELLE (COOP. OUV.)

ASSOCIATION
POUR L'ENSEIGNEMENT DE LA COOPÉRATION

Cours au Collège de France
par Charles GIDE

Cours de l'année 1921-1922

I. — Le Juste Prix par la Coopération (épuisé)
II. — Fourier, Précurseur de la Coopération (1 volume) .... 9 »»

Cours de l'année 1922-1923

III. — Le Profit et la Coopération (épuisé)
IV. — Les Associations Coopératives de Production (épuisé)

Cours de l'année 1923-1924

V. — Le Programme Coopératiste (6 brochures) 9 »»
VI. — La Question du Logement et la Coopération (6 brochures) 7 50

Cours de l'année 1924-1925

VII. — La Lutte contre la Cherté et la Coopération (1 volume) .... 9 »»
VIII. — Les Associations Coopératives Agricoles (1 volume) .... 9 »»

Cours de l'année 1925-1926

IX. — La Coopération à l'Étranger (Angleterre et Russie). (1 volume) .... 12 »»
X. — L'École de Nîmes (1 volume) .... 8 »»

www.ingramcontent.com/pod-product-compliance
Ingram Content Group UK Ltd.
Pitfield, Milton Keynes, MK11 3LW, UK
UKHW022109260726
13993UKWH00001B/414